LA RÉFORME DU PARLEMENT LIBANAIS

Comprendre le Moyen-Orient

De la Méditerranée Orientale à l'ancienne Perse, lieu d'émergence de prestigieuses civilisations et berceau des trois grandes religions monothéistes, le Moyen-Orient est une région unique par l'importance extraordinaire de ce qu'elle a donné au monde.
Aujourd'hui il est le théâtre de tant de drames enchevêtrés que les origines des conflits comme les enjeux en présence se perdent souvent dans le tumulte des combats : vu de l'Occident, il paraît plus « compliqué » que jamais au point que beaucoup renoncent à y voir clair.
Il est pourtant indispensable de chercher à comprendre ce qui s'y passe car le destin de cette région nous concerne directement : outre les liens religieux, culturels et politiques que l'histoire a tissés entre nous, les bouleversements constants qui la secouent affectent gravement nos ressources énergétiques, nos équilibres économiques et même notre sécurité.
Loin des rigidités idéologiques et des conceptions a priori, cette collection entend contribuer à rendre plus intelligibles ces réalités apparemment insaisissables en publiant des ouvrages capables de susciter une véritable réflexion critique sur les mouvements profonds qui animent ces sociétés aussi bien que sur le jeu complexe des relations internationales.
Elle est ouverte à tous ceux qui partagent cette ambition intellectuelle.

Dernières parutions

Rachida-Chahida ABABSA, *Washington après la chute de Bagdad*, 2025.

Fadi Georges COMAIR, *Les chrétiens d'Orient, le Liban et les maronites. Un destin de coexistence*, 2025.

Caroline AZAD, *Femmes d'Iran, football et résistances. Enquête sur une société en pleine mutation*, 2024.

Pythagore NONO KAMGAING, *L'ONU et le règlement du conflit syrien*, 2024.

Işıl Zeynep TURKAN İPEK, *La jeunesse universitaire en Turquie, Enquête sur une jeunesse politiquement socialisée*, 2024.

Gabriel Abou Adal

LA RÉFORME DU PARLEMENT LIBANAIS

Préface de Karim Émile Bitar

L'Harmattan

5-7, rue de l'École-Polytechnique - 75005 Paris

www.editions-harmattan.fr

ISBN : 978-2-336-51376-8
EAN : 9782336513768

Mes remerciements vont à

la professeure Nada Nassar Chaoul, dont les conseils et l'expérience ont accompagné la publication de ce livre ;

le professeur Karim Émile Bitar, pour nos échanges et réflexions sur l'avenir du Liban ;

le professeur Rizk Zgheib, pour son aimable relecture critique du texte et ses commentaires avisés ;

ma sœur Myriam, dont l'imagination et le coup-d'œil artistique ont donné naissance à la première de couverture ;

ma famille et mes proches, pour leurs relectures et leurs encouragements bienveillants.

À mon père.

Sommaire

Préface

Karim Émile Bitar

L'OUVRAGE *LA RÉFORME DU PARLEMENT LIBANAIS* vient combler une lacune d'envergure dans la littérature politique libanaise. Il nous offre une réflexion sereine et dépassionnée au sujet de l'un des problèmes les plus épineux auxquels sont confrontés les Libanais depuis la proclamation de l'État du Grand Liban, le 1er septembre 1920 : comment concilier la citoyenneté démocratique issue de la modernité libérale avec la coexistence des communautés religieuses ? Comment faire en sorte que les angoisses existentielles qui ont toujours tiraillé les minorités dans cette partie du monde – et qui furent si souvent instrumentalisées par des puissances étrangères – soient apaisées, à défaut d'être éliminées ? Comment bâtir un système politique qui puisse transcender le confessionnalisme, sans pour autant que certains aient le sentiment qu'ils sont laissés pour compte et que leurs hantises et préoccupations sont ignorées par la nouvelle classe dirigeante ?

Libanais ayant grandi à Beyrouth, mais habitant en Suisse depuis 2015, Gabriel Abou Adal porte un intérêt marqué pour le droit constitutionnel, et plus particulièrement pour le parlementarisme, intérêt qui l'a poussé à chercher une solution au nœud gordien de la représentation politique au Liban. Familier du système politique suisse, il a su percevoir l'équilibre subtil que permet ce dernier, sans qu'aucune minorité ne tombe dans la victimisation ni qu'aucune majorité ne devienne écrasante.

Il est particulièrement intéressant de relever que bon nombre de Libanais projettent sur ce système suisse toutes sortes de fantasmes, le transformant en une sorte de test de Rorschach où chacun voit ce qu'il rêve d'y voir, persuadé que l'imitation de ce modèle permettrait au Liban de devenir rapidement une oasis de paix, de civisme et de prospérité. Plusieurs milliers de kilomètres séparent néanmoins la Méditerranée orientale du lac Léman, et en dépit de similitudes certaines entre les deux pays, leur situation actuelle n'est nullement comparable, le « compromis helvétique » ne pouvant guère être transposé au Liban. Fort de cette certitude, Gabriel Abou Adal a procédé à une comparaison politique plus élargie en imaginant des solutions inspirées des constitutions d'une multitude de pays – dont l'Espagne, l'Italie, la Bosnie, l'Afrique du Sud – et en puisant dans la théorie du parlementarisme les principes qui doivent guider la réforme de notre Chambre des députés.

Dans la plupart des sociétés modernes, les choix politiques ne sont plus dictés par l'environnement sociopolitique, ni ne sont une émanation directe du groupe social, mais impliquent l'exercice du libre arbitre de chaque citoyen. De tels principes, s'ils n'ont pas encore été consacrés au Liban, peuvent assurément le devenir si les idées proposées dans cet ouvrage venaient à être mises en œuvre.

La force de cet ouvrage vient également du fait que l'auteur a la lucidité et le courage de lutter simultanément et subtilement sur deux fronts, dessinant une voie médiane entre deux courants antagonistes. D'une part, le discours irénique voulant faire table rase du passé, réclamant un État totalement libéré de tout confessionnalisme, où la démocratie serait uniquement fondée sur la loi du nombre, discours souvent condescendant et négligeant les peurs ataviques des communautés. D'autre part, les leaderships et partis politiques traditionnels, qui se vautrent dans le tribalisme et le communautarisme grégaire et n'imaginent la politique qu'à travers un prisme confessionnel.

Le premier courant de pensée rêve encore aujourd'hui d'importer un modèle – la laïcité – qui, même dans les pays où il est né, montre ses limites. Ses partisans pensent la société de façon exclusivement horizontale et atomisée, sans accepter que des groupes sociaux-culturels puissent animer la politique. Moins idéalistes mais beaucoup plus dangereux, leurs antagonistes, aujourd'hui au pouvoir, sacrifient sans relâche l'intérêt national pour de mesquins calculs confessionnels ou personnels, n'ayant aucun scrupule à provoquer l'effondrement de l'État pour assurer la perpétuation de leur pouvoir.

Gabriel Abou Adal propose dans cet ouvrage une alternative réaliste afin de ne pas laisser le monopole de la création du Liban de demain à ces deux courants politiques. Faire implicitement porter la responsabilité de la désintégration de l'État au régime politique – trop confessionnel pour les uns, pas assez pour les autres –, c'est oublier qu'un système politique fonctionnel ne peut être que le résultat d'un savant dosage et d'une pondération permanente. C'est aussi occulter le fait que, bien au-delà de la nature du régime politique, c'est l'absence d'un État de droit et le manque d'esprit civique qui ont conduit au délitement de l'État et du bien public.

À la fin de l'année 2019, le Liban a été le théâtre d'un soulèvement populaire d'une ampleur sans précédent, révélant au grand jour les failles profondes de son système politique et économique. Il ne s'agissait pas d'un coup de tonnerre dans un ciel serein, mais du point culminant d'un malaise profond et ancien, né en réaction à des décennies de corruption endémique, de mauvaise gestion chronique et de clientélisme institutionnalisé. Le système politique actuel, initialement conçu pour garantir la coexistence pacifique entre les différentes communautés du pays, s'est progressivement transformé en une machine à perpétuer l'élite au pouvoir. La « démocratie consociative » a été progressivement pervertie et transformée en oligarchie et en vétocratie.

Lorsque la colère a éclaté le 17 octobre 2019, elle a transcendé les divisions religieuses et régionales, rassemblant une majorité des Libanais, dans une revendication commune d'un changement structurel et paradigmatique. Mais les élections législatives de mai 2022, bien qu'elles aient abouti à l'élection de treize candidats issus des mouvements contestataires, n'ont pas réussi à renverser la dynamique classique et la contre-révolution a rapidement triomphé. Les partis traditionnels, solidement ancrés dans le tissu politique et soutenus par leurs bases confessionnelles – chauffées à blanc par les politiques de la peur –, ont continué à dominer la scène politique.

Ce mouvement populaire a immédiatement été suivi d'une crise financière et sociale d'une ampleur historique et d'un effondrement de l'État libanais, dont le peu d'autorité s'est dissout et dont les derniers rouages fonctionnels se sont enrayés. Enfin, la guerre qui ravage Gaza depuis octobre 2023 et s'est étendue au Liban au dernier trimestre de 2024 a achevé de plonger le pays du Cèdre dans la désolation.

Dans ce contexte, l'ouvrage de Gabriel Abou Adal propose une réflexion approfondie sur les institutions libanaises, et en particulier sur le rôle crucial que joue le pouvoir législatif dans une république parlementaire. Il offre une analyse rigoureuse des dysfonctionnements actuels et propose des réformes qui, si elles sont correctement mises en œuvre, pourraient transformer radicalement la scène et la praxis politiques libanaises. Son objectif est de rétablir un Parlement capable de représenter véritablement les citoyens et de jouer son rôle de pierre angulaire de la démocratie, épicentre de la vie politique, « forum de dialogue permanent » et lieu de confrontation des idées.

Gabriel Abou Adal plaide donc pour une réforme en profondeur de cette institution clé : il explore la possibilité d'instaurer un système bicaméral au Liban, inspiré par des modèles étrangers, mais adapté aux spécificités du pays. Son approche se distingue à la fois par son pragmatisme et son souci du détail. Plutôt que de prôner une rupture radicale avec le système actuel, il propose des réformes ambitieuses, qui n'en restent pas moins ancrées dans les réalités libanaises. L'idée de conserver une représentation confessionnelle au sein du Sénat tout en créant une Chambre des députés plus représentative des citoyens est à la fois innovante et respectueuse de l'histoire et des traditions libanaises.

Pour Gabriel Abou Adal la modernisation des institutions ne peut réussir que si elle s'accompagne d'un renouveau des pratiques politiques. Cela implique de repenser le rôle des partis, de promouvoir une véritable concurrence démocratique et de mettre fin au clientélisme qui gangrène la vie politique libanaise. L'auteur ne sous-estime pas les défis que pose la mise en œuvre de ces réformes. Il reconnaît que le passage à un système bicaméral nécessiterait des ajustements profonds, non seulement au niveau des institutions, mais aussi dans la culture politique du pays. Les partis politiques devraient évoluer pour devenir de véritables acteurs de la représentation nationale, plutôt que de simples porte-voix des communautés confessionnelles. Le succès de cette réforme dépendrait également de la capacité des Libanais à dépasser les réflexes clientélistes et à embrasser une vision citoyenne de la politique.

Gabriel Abou Adal s'inscrit dans une tradition de réformateurs qui, tout en étant profondément conscients des défis particuliers auxquels fait face leur pays, se prononcent en faveur d'un changement progressif et mesuré. Il s'oppose à une rupture brutale avec le passé, préférant une évolution des institutions qui permettrait au Liban de préserver ses spécificités tout en avançant vers une démocratie plus moderne, souple et fonctionnelle.

C'est là en effet une autre des grandes forces de l'ouvrage, sa capacité à naviguer entre le possible et le souhaitable. Ses propositions de réforme sont ancrées dans une analyse réaliste des dynamiques politiques libanaises. Elles sont un appel à la transformation progressive, mais nécessaire, d'un système qui doit évoluer pour rendre au Parlement son rôle central dans la vie démocratique du pays et répondre aux aspirations légitimes du peuple libanais.

À l'heure où il nous incombe d'édifier enfin au Liban un État digne de ce nom, l'ouvrage « *La réforme du Parlement libanais* » sera un outil précieux pour mener, avec les universitaires, les constitutionnalistes, les centres de réflexion et la société de manière générale, le débat sur l'avenir de notre pays. Alors que le Parlement libanais n'est plus, depuis une trentaine d'années, qu'une simple chambre d'enregistrement, il est plus que jamais nécessaire d'en refaire le cœur battant d'une démocratie libérale, respectueuse du pluralisme tout en étant résolument ancrée dans la modernité.

****

Karim Émile Bitar est professeur de relations internationales et ancien directeur de l'Institut des sciences politiques de l'université Saint Joseph de Beyrouth (USJ). Il est cofondateur et président de *Kulluna Irada*, organisation civique pour la réforme politique au Liban. Il est également professeur à Sciences Po Paris, où il enseigne la géopolitique et la diplomatie des grandes puissances et du Moyen-Orient. Il est affilié à plusieurs *think-tanks*, notamment l'Institut de relations internationales et stratégiques (IRIS-Paris), le *Geneva Center for Security Policy* (GCSP) et le *Middle East Institute* (MEI) de Washington DC.

Introduction

Dès que fut actée, à la fin novembre 2024, la cessation des hostilités après plusieurs mois de combats violents, et qu'à Beyrouth on esquissait les contours de l'après-guerre, les milieux politiques libanais bruissèrent à nouveau de projets de réformes constitutionnelles. Très vite, les projets de reconstruction se sont accompagnés d'espoirs d'un État nouveau, car sur le plan institutionnel aussi, le Liban ressemblait à un champ de ruines.

Au pays du Cèdre, de tels projets ne sont pas nouveaux. N'ayant jamais pu se doter d'un État véritablement fonctionnel, ni imposer durablement la légitimité de ses institutions, le Liban a été constamment tiraillé entre la volonté de préserver l'acquis de son histoire politique et la tentation du changement. En 2019 déjà, à la faveur d'une révolte populaire, de nombreux projets de réforme avaient été imaginés, mais s'étaient heurtés au mur de la tradition politique.

La classe politique et les partis traditionnels libanais avaient alors été confrontés à un vaste soulèvement populaire qui a perduré plusieurs mois. Des semaines durant, des Libanais s'étaient rassemblés par milliers sur les places publiques à Beyrouth, Tripoli, Saïda et Tyr, au Chouf et à Baalbeck. Les manifestations s'étaient multipliées et des citoyens de tous les horizons s'étaient rencontrés. Peu à peu, des groupes s'étaient formés, qui ont ensuite mené à la fondation de nouveaux partis politiques.

Ces derniers, qui avaient par moment adopté les slogans des révolutions du printemps arabe – « le peuple veut renverser le régime » (*al-sha'b yurīd 'isqāt al-nizām*[1]) – étaient divisés au sujet de la voie à suivre. Fallait-il changer *de* régime, c'est-à-dire adopter une nouvelle constitution pour instaurer une nouvelle architecture institutionnelle ? Ou fallait-il procéder à un changement *dans* le régime, c'est-à-dire démettre de leurs fonctions les partis traditionnels et l'oligarchie au pouvoir afin de rétablir le régime institutionnel tel qu'il devrait être appliqué ?

La confusion régnait également du fait du désordre institutionnel qui préside à la marche de la politique libanaise depuis des décennies. Lorsque le régime politique libanais était évoqué, on ne comprenait pas s'il était fait référence au régime politique tel qu'il *était* selon les pratiques politiques courantes, tel qu'il *devrait être* si la Constitution était correctement appliquée, ou tel qu'il *pourrait être* si l'on réformait cette dernière.

Les propositions de réforme qui étaient évoquées en 2019 portaient généralement sur quelques-uns des symptômes du mal dont souffre la République libanaise – la réforme la plus souvent suggérée consistait en « l'abolition pleine et entière du confessionnalisme politique » et « l'instauration d'un État civil ». Ces propositions ne recelaient toutefois pas de vision d'ensemble des grands principes qui sous-tendent l'architecture institutionnelle, ni de l'esprit qui avait présidé à la fondation du Liban. Leurs auteurs exprimaient en revanche avec discernement le fait qu'au-delà du problème que représente la pratique du pouvoir des partis politiques traditionnels, une réforme constitutionnelle était devenue inévi-

---

[1] Le système employé pour la romanisation de l'alphabet arabe est celui adopté en 2017 par le Groupe d'expert des Nations Unies pour les noms géographiques (résolution XI/3 2017). Les noms propres seront toutefois écrits selon la forme qui leur est usuellement donnée en langue française.

table : en effet, seules des institutions véritablement fonctionnelles pourraient doter le Liban d'une vie politique dont le cours serait régi par la loi.

****

Les institutions de la République libanaise sont aujourd'hui valétudinaires et inaptes à remplir leur rôle ; leur modernisation est, à moyen terme, inévitable. Au préalable, il est toutefois nécessaire d'en comprendre les affections, et avant tout celles qui frappent le pouvoir législatif, le parlement étant l'organe central de toute république parlementaire.

Toute réforme devra impérativement débuter par un retour à des pratiques politiques conformes à la Constitution actuelle. Les institutions de la République libanaise, otages des partis politiques traditionnels, évoluent en effet *à côté du régime constitutionnel libanais*, hors des limites des textes légaux. Le Parlement, censé jouer un rôle central, a été empêché de remplir ses fonctions et est incapable de remplir son rôle « d'organisation du désaccord » et de lieu de décision. En raison de l'extension de la règle confessionnelle au-delà de son champ d'application au détriment des principes de la démocratie libérale, le rôle des députés ainsi que le principe même de la représentation parlementaire ont été dévoyés. Le Gouvernement, investi de pouvoirs d'une nature collégiale, est devenu l'organe suprême de l'État, chargé de départager entre les partis-communautés, au lieu d'être le dépositaire de l'action publique et l'organisateur de la gouvernance du pays.

Dans un deuxième temps, il s'agira de moderniser le Parlement pour y permettre une meilleure représentation citoyenne. Il nous faudra cependant nous interroger sur l'ampleur que doivent prendre les changements à introduire et, surtout, sur la place future du confessionnalisme politique.

D'une part, la nécessité de libérer nos institutions de l'emprise communautaire n'est pas contestable. En effet, l'excès de démocratie consociative, dite démocratie « de concordance »[1] (*tawāfuqiyyah*), couplé aux usages des partis politiques, paralyse l'État libanais.

On ne peut, d'autre part, nier la diversité religieuse de la société libanaise, ni le fait que la pratique politique actuelle arbore en permanence un discours sectaire, ce qui contribue à ancrer l'esprit confessionnel dans l'inconscient politique libanais. La suppression de toute limite confessionnelle est donc une utopie et risquerait de conduire le Liban à autant de bouleversements que l'excès de confessionnalisme.

Nous nous proposons de ce fait de rechercher une architecture institutionnelle qui, à la fois, empêche les excès du confessionnalisme et permet de réaliser un certain équilibre entre la démocratie consensuelle – c'est-à-dire le respect des règles confessionnelles – et la démocratie libérale. Il s'agit, en somme, de rendre l'État libanais plus gouvernable, sans bouleverser les principes qui ont présidé à sa fondation et qui constituent la raison d'être du Liban.

Cet essai porte d'abord sur un retour aux principes qui gouvernent nos institutions, puis sur leur refonte totale. Il vise ainsi, en premier lieu, à rappeler certains de ces fondements de notre régime parlementaire, en identifiant trois dysfonctionnements majeurs – touchant au rôle du Parlement et des députés, au rôle du Gouvernement et au rôle des partis politiques – qui entravent notre République. Une fois ces trois tares cernées, il deviendra possible de restaurer une pratique politique plus conforme à l'esprit de la Constitution

---

[1] *Cf.* KOCH.

sans qu'il ne faille changer cette dernière. Nous aspirons, en deuxième lieu, à proposer une réforme détaillée du pouvoir législatif libanais, réforme qui est inspirée des dispositions programmatiques que contient la Constitution libanaise[1]. Enfin, nous cherchons à mettre en avant certains principes que doit observer tout système électoral pleinement démocratique et à avancer une proposition de délimitation des circonscriptions qui découle de principes objectifs.

Afin de rendre les propositions que nous avançons aussi concrètes que possible, nous ferons suivre cet essai d'un « projet de constitution », dans lequel les principes et mécanismes que nous proposons seront rédigés sous forme d'articles de loi.

Nous nous adressons avant tout aux partis « contestataires », issus de la *thawrah* (« révolution ») de 2019 – car il nous semble évident que les partis traditionnels seraient, du fait de leur nature, incapables de changer le système qu'ils ont façonné de manière à ce qu'il serve leurs intérêts. Les « nouveaux partis » devront alors accéder au pouvoir en vertu des règles actuellement en vigueur avant de réformer les institutions de l'intérieur. À défaut de recueillir l'adhésion générale, nous osons espérer que nos propositions sauront susciter le débat quand sonnera l'heure de la réforme de l'État libanais.

---

[1] La Constitution libanaise contient des dispositions qui font de « l'abolition du confessionnalisme politique » (Préambule, par. H ; *cf.* art. 22 et 95) un objectif que doivent poursuivre les pouvoirs politiques.

La République libanaise contemporaine : institutions et pratiques politiques

La république parlementaire

PARTIE INTÉGRANTE DE L'EMPIRE OTTOMAN jusqu'en 1918, les territoires qui composent aujourd'hui le Liban moderne furent placés sous mandat français par la Société des Nations en 1920, puis immédiatement séparés de la Syrie voisine par la puissance mandataire et érigés en « État du Grand Liban ». La République libanaise fut instaurée par la Constitution du 23 mai 1926. Toujours en vigueur à ce jour, cette dernière n'a connu que deux révisions majeures : en 1943, quand le Liban obtint son indépendance, et en 1990, à la suite de la guerre civile[1] (1975-1990).

Le Liban est une république parlementaire[2] unitaire (par. A et C du Préambule de la Constitution libanaise) dont le pouvoir législatif, brièvement composé de deux chambres à ses débuts, est unicaméral depuis 1927[3] (art. 16 de la Constitution). Les cent vingt-huit députés composant la Chambre des députés sont élus pour un mandat de quatre ans (article premier de la loi électorale libanaise de 2017) ; depuis 2017, le système électoral est de type proportionnel[4] (art. 99 de la loi électorale libanaise de 2017).

---

[1] EL-LAHHAM, Précis de droit constitutionnel, pp. 43 et ss. ; voir aussi RABBATH, pp. 43 et ss.

[2] EL-LAHHAM, Précis de droit constitutionnel, pp. 28 et ss.

[3] *Ibidem*, pp. 36-37 ; MUHANNA, p. 4.

[4] *Cf.* ZGHEIB.

Le pouvoir exécutif est formellement détenu par le Conseil des ministres[1] dans son entier (art. 65, par. 1, de la Constitution). Le Premier ministre dispose de compétences larges et est « responsable de l'exécution de la politique générale tracée par le Conseil des ministres » (art. 64, par. 1). Le Conseil des ministres et son président sont collectivement et individuellement responsables devant la Chambre des députés (art. 64, par. 2 et 3 ; art. 66, par. 3 ; art. 68 ; art. 69, par. 1 lettre f).

Le président de la République est élu par la Chambre des députés pour un mandat de six ans non renouvelable (art. 49, par. 2 ; art. 73 et suivants). Il peut présider les réunions du gouvernement et en influencer l'ordre du jour (art. 53, par. 1, 11 et 12). Il dispose du pouvoir d'ajourner la Chambre des députés (art. 59) ou d'y renvoyer des projets de loi pour une seconde lecture (art. 57).

Le confessionnalisme constitutionnel

Le confessionnalisme (*ṯāʾifiyyah*) constitutionnel fait la particularité des institutions libanaises[2]. Ce système est en partie issu des autonomies organisationnelles et juridictionnelles qu'avait accordées l'Empire ottoman aux communautés non-musulmanes, les *millet*[3]. Ses prémices apparurent également en 1842 dans la Montagne libanaise, qui échappait au contrôle direct de la Sublime Porte : à la suite de la chute de l'Émirat du Mont-Liban, et sur proposition du

---

[1] L'usage politique veut que le « Conseil des ministres » (*majlis al-wuzarāʾ*) soit plus communément désigné par le terme de « Gouvernement » (*ḫukūmah*). Nous ferons indistinctement usage des deux termes dans cet essai.

[2] El-Lahham, Précis de droit constitutionnel, pp. 25 et ss.

[3] Reinkowski, pp. 2-4.

chancelier Metternich, le Mont-Liban fut scindé en deux caïmacamats[1] (districts) supposément homogènes sur le plan religieux – l'un maronite, au nord, dirigé par un maronite, et l'autre druze, au sud, à la tête duquel fut nommé un druze[2]. En 1861, le régime unitaire du moutassarifat (*mutasarrifiyyah*) du Mont-Liban succéda au double caïmacamat ; les chrétiens y devinrent prédominants, tant démographiquement que politiquement.

À partir de 1920, les régions du Akkar (nord), de la Békaa (est) et du Jabal Amel (sud), ainsi que les villes côtières de Tripoli, Beyrouth et Saïda, furent unies au Mont-Liban pour former l'État du Grand Liban, dans lequel les communautés chrétiennes n'étaient plus majoritaires[3]. En 1926, lors de la promulgation de la Constitution, des quotas confessionnels furent prévus[4], notamment en vue de garantir une place prépondérante aux chrétiens et en particulier aux maronites, alliés de la puissance mandataire française. Quand, en 1943, le Liban obtint son indépendance, le rapport entre les sièges parlementaires réservés aux chrétiens et ceux dédiés aux musulmans fut fixé à 6/5 sur la base d'un recensement effectué en 1932[5].

---

[1] En arabe : *al-qa'im maqāmiyatayn*.

[2] FARHAT, p. 142 ; RABBATH, p. 180.

[3] RONDOT, pp. 83-85.

[4] *Ibidem*, p. 93.

[5] RABBATH, p. 221 ; MAJED, p. 43 ; KOCH, paragraphe 6.

	Communauté	Sièges
a	Maronite	34
b	Grecque-orthodoxe	14
c	Grecque-catholique (melkite)	8
d	Arménienne-orthodoxe	5
e	Arménienne-catholique	1
f	Protestante	1
g	Autres communautés chrétiennes[1]	1
	Total communautés chrétiennes	**64**
h	Sunnite	27
i	Chiite	27
j	Druze	8
k	Alaouite	2
	Total communautés musulmanes	**64**
	Total	**128**

Tableau n° 1 – Répartition des sièges entre les communautés confessionnelles au Parlement libanais actuel.

[1] Peuvent se porter candidats pour le siège attribué aux « communautés minoritaires » les membres des communautés syriaques orthodoxe et catholique, nestorienne, chaldéenne, catholique romaine et copte, de même que les Libanais (non-chrétiens) de confession juive ou ismaélite.

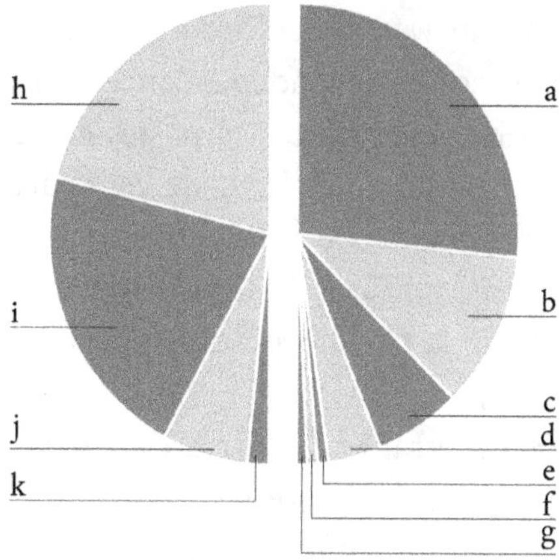

Diagramme n° 1 - Répartition des sièges entre les communautés confessionnelles au Parlement libanais actuel.

La représentation parlementaire paritaire (*munāṣafah*) s'est toutefois imposée depuis 1989 et la conclusion de l'accord de Taëf, qui a mis fin à la guerre civile libanaise (art. 2-A, par. 5 lettre a, de l'accord de Taëf ; art. 24, par. 1 lettre a, de la Constitution libanaise). Les sièges parlementaires sont désormais répartis comme indiqué dans le tableau précédent (annexe 1 à la loi électorale libanaise de 2017).

Malgré la répartition confessionnelle des sièges parlementaires, les députés sont élus au sein de circonscriptions électorales comprenant des Libanais issus de communautés confessionnelles diverses. Un député n'est donc pas élu par ses coreligionnaires, mais par l'ensemble des électeurs de sa circonscription (art. 2, lettre b, de la loi électorale libanaise de 2017).

La répartition confessionnelle des postes à responsabilité comprend également les « trois présidences »[1]. Le pacte na-

[1] DALLA ; KOCH, paragraphe 6.

tional[1] (*al-mīthāq al-waṭanī*), accord verbal conclu peu avant que le Liban n'accédât à l'indépendance, contient en effet une dimension de répartition des postes entre les communautés confessionnelles ; en vertu de ce « pacte-partage du pouvoir[2] », la présidence de la République échoit à un chrétien maronite, celle du Conseil des ministres à un musulman sunnite et celle de la Chambre des députés à un musulman chiite.

L'article 95, paragraphe 3 lettre a, de la Constitution consacre une répartition similaire des postes au sein du Gouvernement, en exigeant que les communautés confessionnelles y soient « représentées équitablement ». Enfin, le paragraphe J du Préambule de la Constitution, adopté en 1990, déclare illégitime « quelconque pouvoir qui contredi[t] le pacte de vie commune ». Cette dernière disposition a, au cours des dernières décennies, servi de prétexte pour étendre le principe du partage confessionnel à l'ensemble des

---

[1] Pour une étude politico-juridique exhaustive du pacte national libanais, voir l'ouvrage d'El-Lahham (EL-LAHHAM, Pacte national).

[2] Cet aspect du pacte national a été identifié au pacte dans son entièreté, au point qu'il en est aujourd'hui devenu l'acception la plus répandue, au détriment de ses autres aspects (EL-LAHHAM, Pacte national, p. 26). Selon El-Lahham, le « pacte-partage du pouvoir » ne peut être qualifié de coutume constitutionnelle, faute d'avoir reçu la reconnaissance d'un organe juridique habilité à constater sa qualité de droit coutumier. Il pourrait être qualifié de « convention de la Constitution », notion issue du droit britannique qui désigne une norme non écrite précisant la manière dont le pouvoir doit être exercé et donc la violation ne peut recevoir qu'une sanction politique, à l'exclusion de toute sanction juridique (*ibidem*, pp. 129 et ss.). El-Lahham parvient néanmoins à la conclusion que le pacte national « est la constitution politique du pays, reflétant un ordre concret, celui de l'équilibre entre les chefs des partis confessionnels » (*ibidem*, p. 300) et qu'il serait vain de chercher à l'intégrer dans une catégorie juridique (*ibidem*, p. 308).

postes à responsabilité de la fonction publique, de la magistrature et des institutions militaires et sécuritaires[1] en dépit de l'article 95, paragraphe 3 lettre b *in fine*, de la Constitution libanaise, qui défend de « réserver une quelconque fonction [de première catégorie ou équivalent] à une communauté déterminée ».

Le recensement de 1932 permit de plus au Haut-Commissaire de France au Levant[2], le comte Damien de Martel, d'édicter l'arrêt L.R. n° 60 du 13 mars 1936 qui reconnaît dix-sept communautés confessionnelles (*ṯawā'if*) – onze chrétiennes et cinq musulmanes, en plus de la communauté juive ; ces communautés confessionnelles se virent attribuer le droit de légiférer et d'établir des tribunaux en matière de statut personnel[3]. Les « statuts personnels » (*qawānīn al-aẖwāl al-shakhs̱iyyah*) adoptés par chaque communauté sont donc des règles de droit libanais d'application personnelle et non pas territoriale, ce qui fait dire à certains auteurs que le Liban est doté d'un système de fédéralisme personnel[4]. Il n'existe aucune autorité politique propre à

[1] À titre d'exemples : les postes de gouverneur de la Banque centrale, de président du Conseil constitutionnel, de président du Conseil d'État et de commandant en chef de l'armée sont réservés à la communauté maronite, celui de chef d'état-major est attribué à la communauté druze, tandis que les directeurs de la Sûreté générale, de la Sûreté intérieure et de la Sûreté de l'État sont respectivement chiite, sunnite et melkite ; enfin, le vice-président du Gouvernement et le vice-président du Parlement sont obligatoirement de confession grecque-orthodoxe.

[2] Le Haut-Commissaire de France au Levant était alors le représentant de la puissance mandataire française au Liban et en Syrie.

[3] RABBATH, pp. 98 et ss ; EL-LAHHAM, La nature de l'État civil, pp. 40 et ss.

[4] MESSARRA, La théorie consensuelle de gouvernement, pp. 140 et ss ; *cf.* MALLAT, pp. 625-626.

chaque communauté confessionnelle, ce qui n'empêche toutefois pas les interventions des autorités religieuses dans l'arène politique.

La pratique politique : le confessionnalisme politique et le clientélisme partisan

Dans la pratique politique libanaise, les communautés confessionnelles sont à distinguer dans leur aspect religieux et cultuel, d'une part, et dans la dynamique qui les anime sur le plan politique, d'autre part. La solidarité interne à chaque communauté n'émane pas du dogme religieux, mais d'un « esprit de corps » (*ʿaṣabiyyah*[1]). Par conséquent, le rôle du citoyen est réduit à portion congrue, ce dernier devant impérativement accepter l'intermédiation de sa communauté confessionnelle dans sa participation à la politique[2].

Depuis la fin de la guerre civile (1990) et le retrait de l'armée syrienne du Liban (2005), la vie politique libanaise se structure autour d'une demi-douzaine de partis politiques, tous rattachés à une communauté confessionnelle. Au sein de ces partis-communautés, la transmission du pouvoir est souvent organisée de manière familiale. Les partis-communautés sont dirigés par un *zaʿīm* (pluriel : *zuʿamāʾ*), soit un leader politique quasi féodal à l'autorité incontestée.

L'État, phagocyté par les partis, ne parvient pas à assurer de nombreux services de base ; les partis politiques s'assurent de la loyauté de leurs partisans grâce à un système de clientélisme qui se substitue à l'État. Cela renforce la légitimité qu'ont les leaders politiques pour conclure des com-

---

[1] Salam, p. 10.

[2] *Ibidem*, p. 49.

promissions (*taswiyah*[1]) portant sur le trafic d'influence et sur le partage des prébendes, des postes et des ressources étatiques[2] (*muḫāṣaṣah*).

Les partis donnent aux confrontations politiques une tournure confessionnelle, mobilisant leurs partisans pour la « défense de la communauté » ; le fait qu'ils se présentent comme les représentants des communautés empêche l'expression de divergences d'ordre véritablement *politique*. Par conséquent, les institutions libanaises se retrouvent dans l'incapacité de remplir leur rôle, à savoir de produire une confrontation utile des idées et tendances qui traversent la société, confrontation dont doit émerger le « bon contentieux[3] ».

Par la rhétorique confessionnelle des partis-communautés, l'idée que tout contentieux risquerait de conduire à la sédition intercommunautaire (*fitnah*) s'est ancrée dans l'inconscient populaire libanais. Au nom de la préservation de la « formule » politique libanaise (*sīghah*) et de la conformité au pacte national (*mīthāqiyyah*), les partis-communautés ont fait de l'État un conglomérat de partis-communautés jaloux de leurs prérogatives. Partant, la politique libanaise ne connaît pour unique type de contentieux que ceux où s'affrontent les intérêts personnels des chefs féodaux sous le couvert de défense des droits communautaires – quand ces chefs ne s'accordent pas pour se répartir

---

[1] Loin de nous l'idée de vouloir associer tout compromis à une compromission : même basée sur la compétition entre différents camps, la politique ne peut vivre sans dialogue, coopération, négociations et compromis. La préservation de la « divergence productive » dépend donc de l'objet du compromis et des principes qui le sous-tendent.

[2] SALLOUKH, pp. 46-49.

[3] MÜLLER, p. 166, notre traduction.

les ressources de l'État, supprimant tout contentieux et donc toute démocratie.

Cette dérive se matérialise par un partage communautaire des postes à tous les échelons, justifié par une interprétation extensive des dispositions constitutionnelles prévoyant la représentation équitable des communautés confessionnelles et la primauté du pacte national (art. 95, par. 3 lettre a, de la Constitution, et paragraphe J du Préambule de cette dernière). Enfin, en dépit du fait que « le membre de la Chambre [des députés] représente toute la nation » (art. 27 de la Constitution), la pratique politique récente a fait du député le représentant de sa communauté. Les communautés confessionnelles, par le truchement des partis communautaires, sont ainsi devenues les « intermédiaires obligées[1] » de toute participation politique.

Face à la toute-puissance des partis, la faiblesse des institutions conduit à de récurrentes crises institutionnelles. Au cours de la dernière décennie, le Liban a connu de multiples périodes de vacance gouvernementale s'étalant sur de nombreux mois (2013-2014 : onze mois ; 2018-2019 : huit mois ; 2020-2021 : treize mois ; 2022-2025 : trente-deux mois) et deux périodes de vacance présidentielle (2014-2016 : vingt-neuf mois ; 2022-2025 : vingt-six mois). À trois reprises, les élections législatives ont été annulées et le mandat du Parlement prorogé (2013, 2014 et 2017), faisant des élections de 2018 les premières à avoir lieu depuis 2009.

Le Liban est, depuis fin 2019, plongé dans l'une des crises économiques et sociales les plus graves que le monde moderne ait connues. En octobre 2019, un vaste soulèvement populaire s'est opposé à l'emprise des partis politiques traditionnels sur l'État, soulèvement au cours duquel les manifes-

[1] SALAM, p. 50.

tants réclamèrent plus de transparence, moins de confessionnalisme, une lutte efficace contre la corruption et des réformes économiques. La dévastation provoquée par l'agression israélienne de l'an 2024 a achevé de miner le peu d'autorité dont pouvait se prévaloir l'État libanais. Affaibli par des années de crise économique doublée d'une crise politique, puis profondément atteint par cette guerre violente, l'État libanais est aujourd'hui aux abois et ses institutions ont atteint un stade de délitement critique.

Première partie

LES MAUX DE LA RÉPUBLIQUE LIBANAISE CONTEMPORAINE

Chapitre premier

« Le membre de la Chambre représente toute la nation »[1]

En l'état actuel des textes constitutionnels et de la pratique politique, les institutions de l'État libanais voient s'affronter deux principes antagonistes que sont la représentation libérale des citoyens au sein du Parlement et les limites confessionnelles à cette représentation.

D'une part, en effet, la République libanaise est une république parlementaire qui assure l'égalité de ses citoyens dans l'accomplissement de leurs devoirs et dans la jouissance de leurs droits et plus particulièrement de leurs droits civils et politiques. Ces principes s'expriment au paragraphe C du Préambule de la Constitution, ainsi qu'à l'article 7 de cette dernière :

> Préambule de la Constitution libanaise, paragraphe C :
>
> « Le Liban est une république démocratique, parlementaire, fondée sur [...] l'égalité dans les droits et obligations entre tous les citoyens sans distinction ni préférence. »
>
> Constitution libanaise, article 7 :
>
> « Tous les Libanais sont égaux devant la loi. Ils jouissent également des droits civils et politiques et

[1] Article 27 de la Constitution libanaise.

> sont également assujettis aux charges et devoirs publics, sans distinction aucune. »

D'autre part, cette représentation parlementaire libérale et cette égalité devant la loi ont été assorties de limites comme stipulées par l'article 24 de la Constitution, qui prévoit la répartition suivante des sièges parlementaires :

> Constitution libanaise, article 24 :
>
> « [...] Les sièges parlementaires seront répartis conformément aux règles suivantes :
> a. À égalité entre chrétiens et musulmans.
> b. Proportionnellement entre les communautés de chacune de ces deux catégories.
> c. [...]. »

Le caractère libéral inhérent au pouvoir législatif libanais a donc été encadré de règles strictes qui définissent le cercle de personnes qui peuvent prétendre à l'élection à chaque siège parlementaire. Le constituant a toutefois pris soin de préciser, à l'article 27 de la Constitution, que « le membre de la Chambre [des députés] représent[ait] toute la nation [...] ».

La pratique actuelle en politique libanaise : le confessionnalisme exacerbé

Dans la pratique, les partis politiques traditionnels ont si bien étendu l'interprétation des limites confessionnelles que ces dernières ont fini par supplanter la règle démocratique et libérale : l'idée qu'un député ne représente que sa communauté confessionnelle s'est alors imposée.

On a ainsi vu les plus grands partis politiques « chrétiens » – le Courant patriotique libre et les Forces libanaises – critiquer le système électoral en vigueur jusqu'en 2017 au motif que ce dernier permettait qu'un député chrétien soit élu « par des voix musulmanes » et se réjouir lors de l'adoption de la loi électorale libanaise de 2017 qui, selon eux, « permet enfin aux chrétiens d'élire eux-mêmes leurs députés[1] ». Certains partis-communautés, cherchant à pousser à l'extrême ce principe de l'identité de communauté entre l'élu et l'électeur, sont allés jusqu'à promouvoir un système électoral selon lequel chaque député serait élu par ses coreligionnaires au lieu d'être élu par les électeurs d'une circonscription géographiquement délimitée[2]. De même, d'aucuns cherchent à imposer l'idée que tout projet de loi ne saurait être adopté sans l'accord d'un groupe parlementaire « de chaque communauté ».

Cette interprétation extensive de l'article 24 de la Constitution, au détriment de l'article 27, aurait deux implications pratiques :

- Premièrement, les chrétiens seraient représentés par les 64 députés chrétiens que compte le Parlement, soit la moitié des élus, alors qu'ils comptent pour un peu plus du tiers de l'électorat libanais. Les musulmans seraient, eux, également représentés par 64 députés, bien qu'ils constituent les deux tiers du corps électoral[3]. Les musulmans seraient dès lors en situation de sous-représentation flagrante, tandis que les chrétiens disposeraient d'un poids électoral démesuré, bien au-delà de

[1] La loi électorale du 17 juin 2017 (loi n° 44/2017) a été décrite comme étant l'une des plus confessionnelles de l'histoire de la République libanaise ; pour une analyse complète de cette loi, voir ZGHEIB et DAGHER.

[2] En février 2013, un tel projet de loi électorale (la loi électorale dite « orthodoxe ») a été débattu. Il a suscité de vifs débats au sein de la société libanaise, avant d'être retiré.

[3] ATALLAH/ZOUGHAIB, Lebanon's Parliamentary Elections of 2018, p. 5.

tout seuil admissible dans le cadre d'une surreprésentation volontairement accordée à une minorité ;

– Deuxièmement, les électeurs inscrits dans des circonscriptions qui ne comptent pas de siège de leur communauté confessionnelle ne seraient représentés par aucun élu, ou alors par un député de leur communauté issu d'une autre circonscription, c'est-à-dire un député dans l'élection duquel ils n'auraient pas eu leur mot à dire.

Système parlementaire et exceptions confessionnelles

L'interprétation téléologique et historique des articles 24 et 27 de la Constitution nous permet au contraire d'aboutir à la conclusion que l'objectif premier de cette répartition confessionnelle est de donner à l'État et aux institutions un caractère multi-confessionnel et de permettre à des citoyens issus de l'ensemble des communautés confessionnelles d'accéder au Parlement. Il ne s'agit donc aucunement de mettre en place un système parlementaire dans lequel les députés représenteraient exclusivement leur communauté – faute de quoi l'article 27 serait superflu.

La teneur de ce même article 27 est inspirée de l'article 78 d'un projet de constitution de l'État du Grand Liban rédigé par Michel Chiha avant l'adoption de la Constitution libanaise de 1926. Le journaliste, banquier et homme politique y proposait que chaque membre du Parlement soit « considéré comme représentant de la nation *et non de sa circonscription électorale seulement*[1] ». La représentation parlementaire était ainsi pensée comme étant avant tout celle des circonscriptions électorales et, dans un deuxième temps, celle de la na-

[1] CHIHA, article 78, italique ajoutée.

tion, à l'exclusion des communautés confessionnelles, lesquelles ne sont pas mentionnées.

Sans nul doute, la Constitution libanaise de 1926 a fait siens ces principes. *A contrario*, s'ils avaient voulu que le député représentât ses coreligionnaires – au lieu de représenter ses électeurs – les rédacteurs de la Constitution et les législateurs qui ont adopté les lois électorales successives auraient d'emblée prévu un système électoral en vertu duquel chaque communauté confessionnelle élirait ses députés, au lieu de prévoir des circonscriptions électorales multiconfessionnelles. Or la solution retenue, tant s'en faut, ne fut pas de s'engager sur cette voie, mais de rappeler expressément que « tous les électeurs de [chaque] circonscription électorale votent sans distinction de communauté pour les candidats de cette circonscription » (art. 2, lettre b, de la loi électorale libanaise de 2017[1]).

Dans ce contexte, il est utile de rappeler le principe général du droit voulant que les exceptions soient interprétées de manière stricte (*exceptio est strictissimæ interpretationis*) et ne puissent se voir conférer un sens ou une portée plus larges que ceux prévus par leur rédacteur. La garantie d'une participation politique la plus vaste possible n'abolit donc pas la démocratie parlementaire et son principe libéral, ni l'égalité des Libanais devant la loi, évoqués précédemment. En d'autres termes, les normes confessionnelles doivent demeurer des exceptions à la règle, qui est celle de la démocratie parlementaire.

L'absence de mandat représentatif entre le député et sa communauté a par ailleurs été confirmée par le Conseil constitutionnel libanais dans une décision par laquelle il

---

[1] Cette même disposition figurait dans les lois électorales antérieures ; *cf.* l'article 4 de la loi électorale de 1960 (Rabbath, p. 181).

annulait un article de la loi portant sur l'organisation du conseil des dignitaires de la communauté druze. Cet article, qui octroyait aux huit députés druzes que compte le Parlement libanais la compétence d'élire le cheikh Akl[1] de la communauté, a été jugé contraire à la Constitution. À cette fin, le Conseil constitutionnel a estimé qu'au vu de l'article 27 de la Constitution, ces huit députés ne sauraient représenter leurs coreligionnaires, ni intervenir en leur nom au sujet des affaires communautaires[2].

L'extension du champ d'application de l'article 24 de la Constitution est donc en contradiction flagrante avec le principe de représentation équitable et proportionnée de la population par les députés. Cet excès de confessionnalisme a transformé notre république parlementaire en un État ne connaissant d'autres règles politiques que les limites confessionnelles – soit en un conglomérat de communautés confessionnelles que ne rattache aucun lien.

La dérive ultra-communautariste des partis traditionnels a réduit la démocratie à un concept de façade et a fait du confessionnalisme la règle première qui régit la marche des institutions[3]. Elle a conduit à un transfert *de facto* de la souveraineté du peuple aux communautés confessionnelles, en violation de l'un des principes centraux du système institutionnel libanais[4].

---

[1] Chef spirituel de la communauté druze.

[2] Conseil constitutionnel libanais, décision n° 2/2000 du 8 juin 2000.

[3] Cette dérive se manifeste également à travers l'extension du champ d'application de la règle du partage confessionnel à des postes où elle n'était pas supposée être à l'œuvre, c'est-à-dire dans l'ensemble de l'Administration.

[4] *Cf.* EL-LAHHAM, Précis de droit constitutionnel, p. 24.

Le paragraphe D du Préambule de la Constitution consacre en effet le principe libéral, qui prime le confessionnalisme politique, en faisant du peuple l'unique détenteur de la souveraineté :

> Préambule de la Constitution libanaise, paragraphe D :
>
> « Le peuple est la source des pouvoirs et le détenteur de la souveraineté qu'il exerce à travers les institutions constitutionnelles. »

Le confessionnalisme est devenu un *but en soi*, un sujet de dissensions politiques indépendant du gouvernement et de l'administration du pays et détaché de la conduite de la chose publique. Or les limites confessionnelles au sein du système politique libanais ont été pensées comme un *moyen* en vue d'atteindre un but[1], ce but étant la participation la plus vaste possible au sein de l'État libanais. Ce droit à la participation qu'accordent les textes constitutionnels ne doit pas s'opposer à ce que les institutions libanaises soient fonctionnelles et, surtout, démocratiques : la participation ne doit donc pas empêcher la compétition.

Vers une nouvelle théorie de la représentation parlementaire

Les Libanais ont échoué à faire du Liban moderne une terre durablement prospère. Il est toutefois nécessaire de se souvenir de la raison d'être de ce « pays-message[2] », héraut des sociétés cosmopolites de la Méditerranée orientale – par

[1] JEANBART.

[2] Formule employée par le pape saint Jean-Paul II au cours de sa visite au Liban en mai 1997.

opposition à une simple juxtaposition « confédérale » de communautés confessionnelles.

En conséquence, et conformément au texte et à l'esprit de la Constitution, les députés devraient à nouveau représenter « toute la nation » (art. 27 de la Constitution). Plus encore, le député devrait représenter ses électeurs, fussent-ils chrétiens ou musulmans, de même que ceux parmi les électeurs qui ont voté pour un candidat ou parti concurrent, faute de quoi :

- Les électeurs ayant voté pour des candidats malheureux seraient privés de toute représentation au sein du Parlement ;
- Les campagnes électorales ne consisteraient qu'en un discours clientéliste : les partis, n'ayant guère à se soucier de la représentation des électeurs qui accordent leurs voix aux autres camps politiques, n'auraient qu'à s'assurer de la fidélité de « leur » clientèle électorale.

Lors de toute élection, un double mécanisme de représentation serait à l'œuvre au sein de chaque circonscription :

- Les électeurs ayant exercé leur droit de vote s'exprimeraient au nom de l'ensemble de l'électorat, y compris les électeurs qui se sont abstenus ;
- L'électorat s'exprimerait au nom de l'ensemble des habitants de la circonscription, y compris les personnes qui ne jouissent pas du droit de vote, tels les mineurs ou les étrangers.

Le député représenterait par la suite l'ensemble des habitants de sa circonscription, qu'ils soient issus ou pas de sa communauté confessionnelle, qu'ils aient voté pour lui ou pour un autre candidat ou qu'ils se soient abstenus de voter, qu'ils soient titulaires du droit de vote ou qu'ils en soient dépourvus. En droit français, ce mécanisme a été implicitement confirmé dans la décision n° 87-227 DC du Conseil constitutionnel français, dans laquelle il a été affirmé que le critère principal devant présider à la répartition des sièges à pourvoir entre les diverses circonscriptions est celui de l'importance de la population et non celui du nombre d'électeurs inscrits[1]. Ce principe veut, par voie de conséquence, que le député représente ceux qui habitent sur le territoire de sa circonscription électorale.

---

[1] Conseil constitutionnel français, décision n° 87-227 DC du 7 juillet 1987, paragraphe 3.

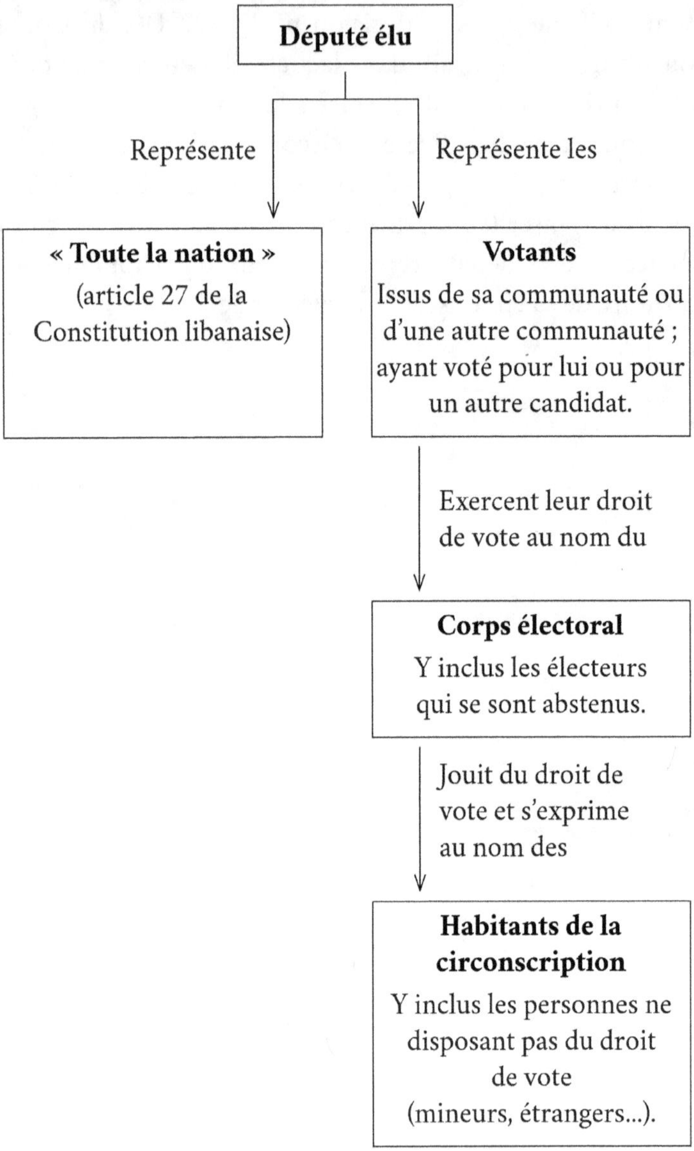

Schéma n° 1 – Le mécanisme de représentation parlementaire.

Ce mécanisme citoyen permettrait de résoudre tant le problème de l'extraordinaire surreprésentation des chrétiens que celui de la représentation des électeurs inscrits dans des circonscriptions dénuées de sièges attribués à leur communauté confessionnelle. Si un tel usage venait à entrer dans les pratiques politiques courantes, les institutions législatives de la République libanaise redeviendraient – en l'état actuel des textes constitutionnels – des institutions véritablement républicaines et parlementaires, libérales mais cernées de limites confessionnelles quant à l'appartenance communautaire des députés. Les pratiques communautaristes abusives seraient quant à elles abolies ou, au moins, fortement endiguées.

Le Parlement, centre névralgique de l'État libanais, recouvrirait ainsi une partie de son rôle contre le confessionnalisme exacerbé. Il lui faudrait ensuite mener une deuxième bataille lui permettant de retrouver ses prérogatives d'assemblée de contrôle et de surveillance du pouvoir exécutif ; pour cela, il est avant tout impératif que le Gouvernement soit réinvesti dans sa charge, au lieu d'être un instrument entre les mains des partis-communautés.

Chapitre II

« Le gouvernement est unanime par définition ![1] »

De la pratique gouvernementale des partis-communautés

ORGANE CENTRAL DE LA RÉPUBLIQUE LIBANAISE, le Parlement a été empêché de remplir son rôle. Une cause supplémentaire de son déclin est à chercher dans l'affaiblissement du rôle du Gouvernement, qui, plutôt que d'exercer véritablement le pouvoir exécutif, s'est changé en une « assemblée suprême » des chefs féodaux où les différents clans de la république tribale délèguent leurs émissaires. Le rôle désormais dévolu au Gouvernement est donc celui d'une chambre d'enregistrement des décisions prises par les forces politiques *de facto*, c'est-à-dire par les chefs féodaux.

Ce phénomène a notamment été rendu possible par les dispositions de nature consociative introduites dans la Constitution en 1990, lesquelles touchent particulièrement au rôle du Gouvernement.

Nawaf Salam[2] identifie trois facteurs ayant contribué à déformer le rôle du Gouvernement depuis l'intégration des dispositions de l'accord de Taëf dans la Constitution liba-

---

[1] Phrase prononcée en 1963 par le général de Gaulle ; *cf.* PEYREFITTE, p. 468.

[2] Désigné Premier ministre en février 2025, ancien ambassadeur du Liban auprès des Nations-Unies et Président du Conseil de sécurité des Nations-Unies, ancien juge auprès de la Cour internationale de justice, ancien Président de la Cour internationale de justice.

naise. Ces facteurs sont le fait de rendre le Conseil des ministres *dans son ensemble* dépositaire du pouvoir exécutif (art. 65, par. 1, de la Constitution libanaise), de maintenir le droit des communautés confessionnelles à bénéficier d'une représentation ministérielle « équitable » (art. 95, par. 3 lettre a), ainsi que l'introduction d'un quorum de présence et d'un mécanisme de vote ministériel (art. 65, par. 5). Ces trois amendements constitutionnels ont fait du Gouvernement un organe collégial[1] dont la force de décision est externalisée au profit des ententes entre les partis-communautés[2].

Ces changements, de même que la confessionnalisation à outrance des partis-communautés, ont eu pour conséquence de conférer à la formation du Gouvernement un enjeu démesuré. Les débats et confrontations auxquels se livrent les partis-communautés lors de chaque vacance gouvernementale, ainsi que les blocages auxquels fait désormais inévitablement face chaque chef de Gouvernement lors de la formation de son équipe ministérielle[3], illustrent les dérives du système politique libanais.

La formation et l'activité du Gouvernement ont été malencontreusement affranchies de la surveillance du Parlement et soumises à des règles qui découlent exclusivement des conflits entre les dirigeants féodaux des partis-communautés et qui constituent autant d'hérésies constitutionnelles. Il est possible de classer ces règles et interdits

---

[1] MAÏLA, pp. 45-49 et 55 ; SALAM, pp. 102-103.

[2] SALAM, pp. 107-108 ; *cf.* EL-LAHHAM, Précis de droit constitutionnel, pp. 25-26.

[3] En cela, les effets pervers des amendements introduits par l'Accord de Taëf ont été exacerbés à partir de la conférence de Doha de 2008, conférence qui a consacré ce nouveau rôle du Gouvernement en tant qu'« assemblée suprême » des chef féodaux.

selon qu'ils concernent la répartition des portefeuilles ministériels entre les partis-communautés, leur répartition entre les communautés confessionnelles, ou le soi-disant droit de veto gouvernemental.

La répartition des portefeuilles ministériels entre les partis-communautés

Se restreignant volontairement à leur sphère communautaire respective, les partis-communautés ne prétendent aucunement disputer les aires d'influence électorale de leurs rivaux. Ils se contentent de présenter des candidats aux sièges dévolus à leur propre communauté[1] et ne cherchent pas à obtenir seuls une majorité parlementaire. En conséquence, ils n'ont d'autre choix que de collaborer lors de la formation des gouvernements.

Cette coopération revêt un aspect mutuellement profitable en tant qu'elle permet aux chefs féodaux d'arrêter des décisions communes dans l'ensemble des domaines dans lesquels ils partagent les mêmes intérêts – et notamment quand la répartition des flux financiers est en jeu. Paradoxalement, les partis-communautés mènent dans le même temps des guerres d'influence, vu qu'ils sont contraints de défendre leurs parts au sein des revenus de l'État et leur influence dans l'Administration afin de maintenir vivants leurs réseaux clientélistes. À leur tour, ces guerres d'influence leur permettent de perpétuer la mobilisation de leurs partisans respectifs.

---

[1] À titre d'exemple, lors des élections législatives de 2022, les Forces libanaises, le parti Kataëb et le Courant patriotique libre n'ont présenté de candidats qu'aux sièges dévolus aux communautés chrétiennes et le Hezbollah a uniquement concouru pour les sièges chiites.

Ces relations, faites d'alliance nationale forcée et de farouche compétition entre les partis politiques, ont conduit ces derniers à développer des règles de partage des ministères, dans la plus pure tradition des factions « fromagistes » vouées aux gémonies par l'ancien président de la République Fouad Chéhab[1].

Les partis-communautés présentent le Gouvernement comme étant le lieu où doit s'exercer une représentation équitable des différentes tendances politiques et ont donc établi des règles de répartition sous forme de « quotes-parts » (*ẖoṣaṣ*) auxquelles ils auraient « droit » sur la base de rapports de force parlementaires, ou, pire encore, sur la base de rapports de force communautaires. Après les élections législatives de mai 2018, un curieux critère s'est ainsi invité dans la répartition des portefeuilles ministériels entre les partis : il était alors question d'accorder à chaque parti politique un ministre pour chaque quatre députés que comptait son groupe parlementaire. Enfin, ces partis-communautés ont pris le pli de distinguer entre ministères « régaliens », ministères « de premier ordre » et ministères « de second ordre » afin de mieux procéder au commerce des portefeuilles y afférents.

Ces règles, qui ont acquis un caractère quasi arithmétique, découlent de la confusion institutionnelle permanente qu'entretiennent les partis-communautés, au détriment du système parlementaire.

Dans un régime parlementaire, aucun parti ne peut en réalité prétendre qu'un nombre défini de ministres ou que certains portefeuilles lui reviennent de droit. Du reste, les

[1] Fouad Chéhab, président de la République libanaise entre 1958 et 1964, désignait par l'expression de « fromagistes » les politiciens dont le seul but était de se partager les revenus de l'État.

ministres ne remplissent pas un rôle de représentation des partis, des communautés confessionnelles ou des citoyens. C'est ainsi qu'Antoine Messarra, ancien membre du Conseil constitutionnel libanais (2009-2019), écrit :

> « Le gouvernement, dans aucun pays au monde, quelle que soit la nature du régime, n'a pas un caractère représentatif au sens électoral du terme. Quand le gouvernement devient un mini-Parlement, le principe universel de séparation des pouvoirs est violé (Préambule constitutionnel, al. E)[1]. »

De ces pratiques malsaines découlent la faiblesse du Parlement comme celle du Gouvernement, car quand la composition du Gouvernement consiste en une copie en miniature du Parlement, il devient impossible pour ce dernier d'exercer son pouvoir de contrôle et toute opposition est neutralisée[2]. Le Gouvernement est également paralysé et ne peut plus prendre de décision, « sinon sur [la] base d'une entente interélite aux dépens du droit et grâce à un partage de prébendes[3] ».

La répartition des portefeuilles ministériels entre les communautés confessionnelles

Le Gouvernement ayant supplanté le Parlement dans son rôle, il a impérativement fallu y reproduire les équilibres confessionnels en vigueur au Parlement. De ce fait, et compte tenu de l'alignement des partis politiques traditionnels sur les communautés confessionnelles, la distribution des portefeuilles ministériels entre les partis se traduit inévi-

---

[1] MESSARRA, Les gouvernements exécutoires.

[2] *Ibidem.*

[3] *Ibidem.*

tablement en un partage de ces mêmes portefeuilles entre les communautés.

Les partis-communautés ont donc instauré des règles sur la composition confessionnelle du Gouvernement, en y introduisant des quotas prétendument obligatoires. Ces règles découlent d'une interprétation extensive du paragraphe J du Préambule de la Constitution, ainsi que de l'article 95 de cette dernière :

> Préambule de la Constitution libanaise, paragraphe J :
>
> « Aucune légitimité n'est reconnue à un quelconque pouvoir qui contredi[t] le pacte de vie commune[1]. »

> Constitution libanaise, article 95, paragraphe 3 lettre a :
>
> « Les communautés seront représentées équitablement dans la formation du Gouvernement. »

Cette interprétation extensive des principes du confessionnalisme a eu pour conséquence qu'un gouvernement amputé de ses ministres issus d'une communauté confessionnelle est automatiquement qualifié d'« illégitime »[2]. De ce fait, les partis-communautés détiennent désormais un moyen de pression considérable, puisqu'ils peuvent provoquer une crise politique pour peu que les ministres qui leur sont affiliés démissionnent « en bloc[3] ».

---

[1] Dans la version arabe du texte : *mīthāq al-ʿaysh al-mushtarak.*

[2] À cet égard, voir l'analyse d'El-Lahham (EL-LAHHAM, Pacte national, pp. 178 et ss.).

[3] Ainsi, les ministres affiliés aux deux partis-communautés Amal et Hezbollah ont démissionné en bloc du gouvernement de Fouad el-Siniora en

Qui plus est, les partis-communautés ont œuvré à consacrer certains ministères à des communautés confessionnelles déterminées. À titre d'exemple, les communautés sunnite, chiite, maronite et grecque-orthodoxe monopolisent aujourd'hui les ministères de l'Intérieur, des Affaires étrangères, de la Défense et des Finances ; de même, les deux grands partis chiites, le mouvement Amal et le Hezbollah, prétendent que leur communauté aurait acquis le droit de désigner le ministre des Finances.

Le droit de veto gouvernemental

La dernière anomalie constitutionnelle à laquelle la pratique politique récente des partis-communautés libanais a donné naissance consiste en l'octroi d'un tiers des sièges ministériels à une minorité parlementaire. Cette concession, baptisée « tiers de blocage » (*al-thulth al-muʿaṯṯel*), équivaut *de facto* à un droit de veto gouvernemental puisqu'il entraîne la faculté d'interdire au Gouvernement de se réunir, en empêchant que ne soit atteint le quorum de présence prévu à l'article 65, paragraphe 5, de la Constitution. Le renversement du Gouvernement est également facilité par l'octroi de ce « tiers de blocage » étant donné qu'il suffit qu'un nombre supérieur au tiers des ministres démissionne pour que le Gouvernement entier soit considéré démissionnaire (art. 69, par. 1 lettre b).

Il n'existe en réalité aucune disposition constitutionnelle qui accorde un *droit* aux minorités parlementaires de siéger au Gouvernement et d'y détenir un tiers des portefeuilles,

---

novembre 2006, ce qui a conduit ces deux mêmes partis à clamer que ce gouvernement avait perdu sa légitimité en vertu du fait qu'il n'y siégeait plus de ministre chiite « représentant les deux plus grands partis de la communauté ».

pour pouvoir en « bloquer » l'action ou en provoquer la chute au moindre décret dont elle serait insatisfaite. Comme l'explique Messarra, cette dernière déviation ne peut être conciliée avec le principe de l'unité de l'action gouvernementale :

> « [...] Dans la société libanaise une et plurielle, le gouvernement n'est pas un pôle de rapports de forces et de dialogue débridé [...]. [Il] est chargé non de palabrer mais d'exécuter. Le pouvoir exécutoire est incompatible avec les slogans de « tiers », de « parts », de « blocage » [...][1]. »

Le « blocage » à l'endroit de la politique de la majorité au pouvoir ne saurait donc avoir lieu au sein du Gouvernement. L'institution dédiée à la dissonance et aux débats est le Parlement, où toute minorité parlementaire peut exercer une opposition dans l'observance des règles procédurales parlementaires. Dans le régime parlementaire pluraliste libanais, « le Parlement est et doit être le lieu permanent du dialogue[2] ».

De la pratique gouvernementale future

Au vu de ce qui précède, il est nécessaire de corriger les défauts introduits dans la pratique gouvernementale par l'accord de Taëf. Ce dernier a cherché à faire de la République libanaise une véritable république parlementaire, mais a en même temps provoqué un transfert des attributions du Parlement vers le Gouvernement. En faisant du Gouvernement un organe de collégialité confessionnelle – de même qu'un organe de collégialité partisane en raison de

[1] MESSARRA, Les gouvernements exécutoires.

[2] *Ibidem.*

l'alignement entre les partis et les communautés confessionnelles – il l'a *de facto* transformé en un Parlement à taille réduite. Les partis politiques traditionnels ont, par manque de culture collégiale – sauf quand il s'agit de se répartir les parts des marchés publics – rendu le Gouvernement impuissant et le Liban ingouvernable.

En raison de l'absence de culture et de tradition de la collégialité, il serait pertinent, à notre avis, de faire du Conseil des ministres le lieu où s'exerce le pouvoir de la majorité parlementaire – et, par conséquent, de ne pas adopter formellement un système de gouvernement collégial. Le Gouvernement devrait alors être issu de la majorité parlementaire et être responsable devant le Parlement.

Le vote au Conseil des ministres devrait être un vote interne, « secret », procédural, et non pas public, contrairement au vote au sein du Parlement. Le Gouvernement doit en effet être une entité homogène, une équipe unie dirigée par son président.

Enfin, de même qu'aucun parti ne peut prétendre qu'un nombre défini de ministres ou que certains portefeuilles déterminés lui reviennent de droit, les communautés confessionnelles ne peuvent alléguer d'un droit à une représentation gouvernementale *exacte*. Nous proposons donc d'interpréter le paragraphe J du Préambule de la Constitution, ainsi que l'article 95 de cette dernière de sorte à instaurer une règle indicative visant à éviter les gouvernements mono-confessionnels. Cette règle constituerait une simple *obligation générale* de respecter dans les grandes lignes les équilibres confessionnels – et non une règle impérative imposant un nombre fixe de ministres de chaque communauté.

La République libanaise pourrait, à titre d'exemple, s'inspirer des règles encadrant la composition du Gouvernement suisse, le Conseil fédéral :

> Constitution fédérale de la Confédération suisse, article 175, paragraphe 4 :
>
> « Les diverses régions et les communautés linguistiques doivent être équitablement représentées au Conseil fédéral. »

Cette disposition consiste en une « directive électorale[1] » délibérément vague, dont on ne peut requérir la mise en œuvre par des voies légales et qui autorise une certaine souplesse[2]. Elle assure la préservation des particularités cantonales et linguistiques de la Suisse en empêchant qu'une composante linguistique ne monopolise les postes exécutifs, mais n'est pas transposable en une répartition mathématique, ni ne peut conduire à la revendication de quotas[3].

La doctrine constitutionnelle suisse précise de plus que le terme de « représentation » n'est pas à interpréter comme signifiant qu'un conseiller fédéral représente son canton ou les locuteurs de sa langue maternelle à la manière d'une députation au sein du Gouvernement, mais qu'il doive au contraire agir pour l'ensemble du pays[4]. La composition du Conseil fédéral n'étant pas prédéterminée de manière rigide,

---

[1] GRISEL, p. 3238.

[2] MAHON, p. 242.

[3] STÖCKLI, pp. 1732-1733. Entre janvier 2023 et janvier 2024, les sept sièges du Conseil fédéral suisse étaient occupés par quatre latins (francophones ou italophones) et trois germanophones, quand bien même les deux tiers de la population suisse sont de langue maternelle allemande ; voir à cet égard notre article de décembre 2022 (ADAL).

[4] STÖCKLI, pp. 1732-1733.

l'exception – soit la concordance politique – ne l'emporte pas sur la règle libérale.

****

La cohérence de l'action gouvernementale était un principe auquel le général de Gaulle accordait une importance capitale. Selon l'homme politique, écrivain et diplomate Alain Peyrefitte, auteur d'un recueil d'entretiens avec le général, elle était, pour de Gaulle, le « premier de tous les principes de commandement de la société[1] ». Un jour, entendant dire que le Gouvernement avait pris une décision « à l'unanimité », de Gaulle s'était emporté en ces termes :

> « Le gouvernement est unanime par définition ! Quand un ministre n'est pas de l'avis du gouvernement, il cesse d'être ministre ! [...] On ne parle pas de l'unanimité du gouvernement, parce que c'est une donnée permanente. La signaler, c'est insinuer qu'elle ne va pas de soi ![2] »

Une telle unanimité est l'expression d'une unité de vision dans l'action gouvernementale ; elle est l'antithèse du consensus arbitraire conclu par les chefs communautaires et dont la rupture est constamment agitée comme une menace pour la paix civile.

---

[1] PEYREFITTE, p. 468.

[2] *Ibidem*.

Chapitre III

Du rôle des partis politiques

LE DÉCLIN DES INSTITUTIONS de la République libanaise s'explique par le fait que l'ordre normatif libanais, normalement agencé et constitué, est en réalité doublé d'une contrainte supérieure, à savoir le pacte national en sa composante de « pacte-consensus ».

Wissam El-Lahham, professeur de théorie politique et de droit constitutionnel, décrit cet « État discrétionnaire » qui paralyse l'ordre constitutionnel comme étant la véritable constitution politique du Liban, « reflétant un ordre concret, celui de l'équilibre entre les chefs des partis confessionnels[1] ». Ainsi, le consensus entre ces derniers « constitue aujourd'hui l'armature ordinaire du système normatif libanais[2] » ; cet ordre parallèle agit de manière arbitraire et surgit dans tous les domaines qu'il choisit de soustraire à l'ordre normatif traditionnel en se prévalant de l'entente nationale ou de l'équilibre communautaire. Incarné dans le paragraphe J du Préambule de la Constitution, il est « une manifestation flagrante de la suprématie des intérêts politiques sur la logique institutionnelle[3] ». La Constitution libanaise s'en retrouve « déjuridicisée » ; elle est remplacée par une constitution matérielle dont le propre est de n'être constituée que des accords politiques convenus entre les chefs des partis confessionnels[4].

---

[1] EL-LAHHAM, Pacte national, p. 300.

[2] *Ibidem*, p. 307.

[3] *Ibidem*, pp. 284-285.

[4] *Ibidem*, p. 310.

A la lumière de ce qui précède, nous pouvons mieux appréhender les différents effets qu'exerce le confessionnalisme sur la politique libanaise ; pour ce faire, il nous faut d'abord évoquer plus spécifiquement la place des partis politiques dans un système parlementaire fonctionnel.

« L'infrastructure critique » du parlementarisme

Le politologue allemand Jan-Werner Müller décrit les partis politiques et les médias comme des institutions qui composent « l'infrastructure critique de la démocratie », soit des institutions qui facilitent l'exercice des droits fondamentaux – la liberté d'opinion et d'expression, la liberté de réunion et la liberté d'association[1]. Les partis, éléments primordiaux de tout système parlementaire, sont les corps intermédiaires qui structurent la vie politique et agissent comme courroie de transmission entre les électeurs et les institutions. Dès lors, tout système parlementaire ne saurait exister sans partis politiques :

> « L'alternative à ce que le théoricien français Pierre Rosanvallon a appelé la "démocratie structurée" n'est pas la démocratie déstructurée, mais l'absence de démocratie[2]. »

En effet, cette structure se met d'abord en place à l'intérieur des partis politiques. L'élaboration de programmes et de campagnes électorales force les partis à demeurer tournés vers les citoyens, auxquels ils présentent une offre politique variée. En recrutant des militants et en s'organisant en structures associatives, les partis deviennent des lieux d'expression politique, première étape de la repré-

[1] MÜLLER, p. 117.

[2] *Ibidem*, p. 119, notre traduction.

sentation du citoyen. La rédaction de propositions de loi et le soutien à l'action des députés font d'eux des acteurs essentiels du processus législatif, dont ils négocient le cours ; enfin, les partis politiques évoluent dans des rapports de majorité et d'opposition dans le cadre des institutions. Au sein de celles-ci, ce sont avant tout les partis qui assument des responsabilités gouvernementales et cherchent à mettre en œuvre leur programme politique, ou surveillent et critiquent l'action du Gouvernement et formulent des propositions alternatives.

Les partis traditionnels libanais, loin d'être des moteurs de la démocratie, sont des lieux d'exercice du pouvoir féodal, des rassemblements de tribus communautaires qui contribuent à affaiblir les institutions de la République libanaise. Ce sont ces « **partis-communautés** » – et non pas les règles confessionnelles que contient la Constitution libanaise – que nous tenons pour premiers responsables de la crise que connaît le Liban.

Du confessionnalisme partisan

Dans le discours politique contemporain, il est souvent question du confessionnalisme (*al-ṯā'ifiyyah*) comme de la cause première des maux de la République libanaise. Afin d'en mieux cerner les effets, nous opérons une distinction entre quatre formes de confessionnalisme :

- Le **confessionnalisme sociétal** regroupe l'ensemble des comportements observables dans la société libanaise qui appréhendent les rapports sociaux sous le seul angle du confessionnalisme. Loin des clichés qui tendent à se répandre dans l'inconscient populaire, les réflexes confessionnels ne sont pas les seuls qui président aux comportements sociaux. Selon nous, il serait donc faux de prétendre que tout fait social au Liban est de nature confessionnelle, ou encore que les Libanais ne savent penser et agir qu'à travers des prismes confessionnels ;

- Le **confessionnalisme juridique** désigne les règles de droit civil d'application personnelle, c'est-à-dire celles dont le contenu varie selon l'appartenance communautaire du citoyen. Il s'agit en premier lieu des statuts personnels communautaires (*qawānīn al-aẖwâl al-shakhs̱iyyah*) qui régissent les domaines du mariage, de la famille et des successions ;
- Le **confessionnalisme institutionnel** désigne les règles de droit constitutionnel qui apportent des limites consociatives au système politique parlementaire libanais ; la répartition communautaire des sièges parlementaires en est la meilleure illustration. Comme démontré aux chapitres I et II, les excès imposés par la pratique politique récente ne font pas partie de ces normes, car elles sont autant d'hérésies dont le seul effet est de dénaturer les institutions politiques ;
- Le **confessionnalisme partisan (féodal)** s'exprime dans le comportement politique des partis-communautés et de leurs adhérents. Les partis-communautés se définissent en effet comme étant des partis « sunnites », « chiites », « druzes » ou « chrétiens » et recrutent l'essentiel de leurs partisans et de leurs électeurs dans les rangs de « leur communauté ». Ces partis prétendent défendre les « droits » de leur communauté confessionnelle respective et mobilisent leurs partisans par un discours sectaire. Les partisans, eux, se considèrent liés par l'autorité du chef politique et féodal, à qui ils vouent une fidélité sans bornes.

Contrairement à la majorité des manifestants ayant pris la rue à partir d'octobre 2019 et en opposition avec les programmes proposés par les partis politiques qui ont émergé de ce soulèvement populaire, nous ne tenons pas le confessionnalisme constitutionnel pour responsable de la situation dans laquelle se trouve aujourd'hui le Liban. C'est en réalité le confessionnalisme partisan qui permet au « pacte-consensus » décrit par El-Lahham d'agir comme contrainte supérieure à la Constitution et à « l'État discrétionnaire » de supplanter l'ordre normatif libanais.

De ce fait, le confessionnalisme partisan est, à notre sens, bien plus pernicieux que le confessionnalisme institutionnel : car plus le féodalisme partisan se renforce et plus les partis politiques s'identifient aux communautés confessionnelles, plus ils adoptent une posture et un discours communautaires – et n'ont de cesse d'étendre l'exception confessionnelle dans la pratique politique au détriment de la règle parlementaire et libérale. Or le système politique parlementaire libanais tel que prévu par la Constitution « accepte les mécanismes institutionnels qui fonctionnent selon la règle de la majorité et considère que le confessionnalisme est une solution provisoire »[1] ; s'il prévoit un biais confessionnel, ce système n'est pas pour autant bâti pour qu'y concourent des partis communautaires. De ce fait, le confessionnalisme partisan manipule et travestit le confessionnalisme constitutionnel au bénéfice d'une demi-douzaine de chefs féodaux.

C'est en raison de cela que nous identifions le mal dont souffre la politique libanaise comme étant un travers de la pratique politique bien plus qu'un défaut institutionnel. L'excès de confessionnalisme n'est ainsi pas inhérent à nos

---

[1] EL-LAHHAM, Pacte national, p. 300.

institutions car il provient de l'existence des partis-communautés et de la pratique que ceux-ci imposent.

Dans un article publié en 1954, le général français Pierre Rondot apporte une illustration de cette dérive en décrivant le Parlement libanais de l'époque. Bien que parlant de « clans qui tiennent la place des partis », ou encore de « groupes essentiellement personnels[1] » dont l'existence est assurée par l'adhésion à « des sentiments, d'ailleurs profonds et assez constants, plutôt que [par une] doctrine[2] », Rondot décrit de la sorte la répartition des forces politiques au sein du Parlement :

> « L'Assemblée, grâce aux compromis imposés par le mode de choix des députés, écarte efficacement de son sein tout réel conflit confessionnel : elle ne comporte jamais de groupe parlementaire à base religieuse[3]. »

De cette image, certes fragmentaire, qui est brossée des parlementaires de 1954, nous déduisons que l'existence de partis confessionnels ne découle pas nécessairement des quelques règles confessionnelles que contiennent nos textes constitutionnels. Cette dernière dérive, tout comme celles évoquées précédemment, a été provoquée par la pratique politique récente.

Il nous semble essentiel d'évoquer cet aspect de la déviance de la politique libanaise, étant donné que le confessionnalisme partisan, bien plus dangereux que le seul confessionnalisme institutionnel, ne fait que trop rarement partie des problèmes mentionnés par le grand public. Il est toute-

---

[1] RONDOT, p. 91.

[2] *Ibidem*, p. 92.

[3] *Ibidem*, p. 96.

fois nécessaire de l'aborder en parallèle à toute réforme institutionnelle : il est en effet inutile de réformer nos institutions si les pratiques politiques demeurent inchangées. En d'autres termes, l'adoption d'une nouvelle constitution ne permettra pas de redresser l'État libanais si les anciennes pratiques et le confessionnalisme outrancier des partis-communautés subsistent. L'échec des institutions libanaises est avant tout celui des partis politiques traditionnels et il nous faut, avant de réformer les institutions, changer les partis. Le changement *des* institutions doit donc être précédé d'un changement *dans* les institutions, car « ce qui forme une constitution, c'est bien le régime politique, issu de la réalité vivante, et non le texte, portant ce nom, dont il n'est que le support formel[1] ». Ce même principe s'exprime dans la célèbre exhortation prononcée par l'ancien patriarche maronite Mgr Nasrallah Boutros Sfeir : « Les esprits [doivent être déconfessionnalisés] avant les textes [constitutionnels] » (« *al-nufūs qabl al-nuṣūṣ* »).

De l'absence de tout parti politique au Liban

La définition que donne Müller du rôle des partis politiques et la description qu'il fait de leur action de mobilisation de la société nous éclairent sur l'ampleur du problème. Les partis, selon lui, ne seraient pas de simples associations de personnes qui tentent de promouvoir des idées et principes au sein de la sphère publique. Bien plus que cela, ils fourniraient à la société une représentation des lignes de conflit et en tireraient un pouvoir réel, celui de structurer et de rendre explicites des conflits et divisions sociaux impli-

[1] Rabbath, p. 62.

cites, dans le but de motiver et de mobiliser leurs partisans actuels et potentiels[1].

Au lieu de fournir une « vision des lignes de conflit », les partis traditionnels libanais font correspondre l'écrasante majorité des « conflits et divisions sociaux implicites » à des conflits communautaires, dans le but évident de manier les peurs grégaires et de se nourrir des réflexes ataviques – réels ou fantasmés – pour mobiliser, chaque fois que nécessaire, leur électorat. Ayant bâti leur pouvoir en s'identifiant à une communauté confessionnelle, les partis traditionnels renforcent à dessein le confessionnalisme par leur pratique politique, créant des « lignes de conflit » qui affermissent leur pouvoir. Ce faisant, ils négligent de représenter véritablement la société libanaise et de lui proposer des solutions alternatives.

Les divergences d'intérêts et les divisions sociales qui traversent la société libanaise ne peuvent dès lors s'exprimer au sein de ces partis qu'à travers un prisme communautaire mis au service du chef féodal. Le Liban ne compte aujourd'hui aucun parti qui soit véritablement *politique*, mais des *ʿiṣābāt* (bandes, clans) qui segmentent la société libanaise de manière verticale, ces divisions correspondant aux appartenances confessionnelles. C'est ainsi qu'un duumvirat domine la « scène chiite » de manière hégémonique, qu'un grand parti règne sur la majorité de la « scène druze », que deux ou trois partis se partagent la « scène chrétienne », *et cætera*. Pour assurer le cloisonnement hermétique des différentes « scènes » confessionnelles, aucun parti ne se hasarde à empiéter sur les plates-bandes clientélistes politico-communautaires (désignées par l'élégant euphémisme d'« environnement » : *bi'ah*) des autres partis, notamment en

[1] MÜLLER, pp. 126-127.

s'abstenant de présenter des candidats aux sièges parlementaires dévolus aux autres communautés confessionnelles. Cette toute-puissance des partis-communautés, lesquels règnent sans partage sur les régions qu'ils se sont assignés, rend vaine la comparaison – si souvent entendue – entre le Liban et la Suisse.

Pour de nombreux Libanais en effet, les similitudes entre le Liban et la Suisse – notamment quant à la diversité religieuse et culturelle – plaident en faveur de la transformation de la République libanaise d'un État unitaire en un État fédéral. Une telle proposition, qui est souvent conçue comme impliquant un fédéralisme communautaire, ou personnel, et non un fédéralisme géographique, est vantée comme une solution aux crises que traverse le Liban. Les partisans du fédéralisme confessionnel oublient néanmoins que les vingt-six cantons et les quatre régions linguistiques de Suisse, malgré les différences qui les séparent, sont solidement arrimés à un État stable – ce qui fait défaut au Liban. Plus encore, les principaux partis politiques suisses sont des partis nationaux, qui ne se contentent pas de s'adresser aux électeurs d'un canton ou d'une région linguistique donnée. Ainsi, il n'existe pas en Suisse de « confessionnalisme partisan » sous la forme d'un factionnalisme cantonal ou linguistique.

Toutes les propositions de réforme qui vont suivre seront donc vaines si les partis politiques actifs sur la scène publique demeurent des partis-communautés. Il nous semble donc crucial de briser l'alignement *communauté confessionnelle – parti politique* : la création d'un véritable système parlementaire libanais dépend de la capacité des Libanais à dissocier les divergences politiques des communautés confessionnelles. Au demeurant, tel devrait être l'objectif du processus de « suppression du confessionnalisme politique »

que prévoit la Constitution (Préambule, par. H ; art. 95, par. 1).

La fin de l'identification des partis aux communautés confessionnelles ne doit évidemment pas constituer un obstacle à l'existence de partis politiques locaux, ni à l'émergence de tendances politiques régionales. Toujours est-il que, de manière générale, un électeur ne doit pas être empêché de voter en faveur d'une certaine tendance politique en raison de son appartenance confessionnelle ou de son lieu de domicile. L'ensemble du peuple libanais dont donc bénéficier de l'ensemble de l'offre politique : toutes les tendances politiques devraient pouvoir s'exprimer et présenter des candidats aux élections dans toutes les régions du Liban. Nous exprimons ici le principe qui veut que le *consensualisme* ne doive pas s'étendre aux relations entre les partis, mais que celles-ci doivent être de nature *concurrentielle*. Ainsi, les partis ne doivent pas délimiter par avance leur sphère d'influence respective en raison des communautés ; bien au contraire, ils doivent entrer en compétition afin de faire connaître leur programme électoral, d'en faire la promotion la plus large possible et d'attirer autant d'électeurs qu'ils le peuvent.

La constitutionnalisation des partis politiques

Si les propositions de réforme des institutions législatives qui vont être présentées dans les chapitres à venir s'adressent en premier lieu aux forces politiques nouvelles et non aux partis-communautés, c'est précisément en raison du fait que ces derniers seraient incapables de procéder à de telles réformes du fait de leur nature de partis-communautés. Ayant bâti le système actuel à leur propre avantage et étant donné qu'ils en tirent profit sur tous les plans, ces partis-communautés ne sont pas en mesure de s'attaquer aux sources de leur puissance – au demeurant, ils ne souhaitent pas modifier leurs pratiques politiques.

Pour cette raison, il nous semble nécessaire, dans notre république malade de ses factions, d'encadrer ces dernières par une loi sur les partis[1], et ce dans le plus strict respect de la liberté d'association (art. 13 de la Constitution libanaise) et de la liberté politique. Le Liban pourrait alors suivre la tendance à la « constitutionnalisation » des partis politiques, tendance qui a actuellement cours en Europe[2].

L'argument est souvent avancé qu'un encadrement de la fondation et de l'activité des partis politiques serait une mesure illibérale qui porterait atteinte à la liberté d'association. Selon les détracteurs de la régulation de l'activité des partis, l'État devrait s'abstenir de s'immiscer dans la vie partisane interne, eu égard au fait que cette dernière est couverte par la liberté d'association.

Müller apporte le contre-argument à cette assertion : les responsabilités auxquelles peuvent accéder les partis et leurs membres justifient que l'État légifère dans le but de fixer les contours de leurs activités. Les partis politiques ne sont en effet pas des clubs privés, dont les membres peuvent librement décider de l'organisation purement interne de leurs interactions. Bien au contraire, il existe vis-à-vis des partis politiques une attente réelle d'accession de certains de leurs

[1] La fondation et l'activité des partis politiques au Liban sont actuellement régies par la loi ottomane sur les associations, adoptée le 3 août 1909.

[2] La Belgique, le Danemark, l'Irlande et les Pays-Bas – ainsi que le Royaume-Uni, qui n'a en tout état de cause pas de constitution écrite – sont les seuls pays européens à ne connaître aucune mention des partis politiques dans leurs constitutions respectives (*cf.* VAN BIEZEN).

membres à des postes à responsabilités leur permettant d'exercer une coercition légitime[1].

C'est ainsi que dans la République fédérale d'Allemagne, les partis politiques sont assimilés à des *Tendenzbetriebe* (« entreprises de conviction »), soit des entreprises d'intérêt public dans lesquelles l'orientation économique n'est pas au premier plan et la recherche du profit s'efface devant des objectifs politiques, éducatifs, scientifiques ou artistiques. Les partis politiques allemands ont donc un certain statut « d'associations d'intérêt public » ; leur rôle fait l'objet d'une disposition constitutionnelle et est régulé par une loi[2].

> Loi fondamentale (Constitution) allemande, article 21 :
>
> « (1) Les partis concourent à la formation de la volonté politique du peuple. Leur fondation est libre. Leur organisation interne doit être conforme aux principes démocratiques. Ils doivent rendre compte publiquement de la provenance et de l'emploi de leurs ressources ainsi que de leurs biens.
> [...] (3) Les modalités sont définies par des lois fédérales. »

Dès lors, il ne s'agit nullement de restreindre le droit de fonder un parti ou de rendre plus ardue la participation politique, mais de moderniser les partis politiques libanais et d'éviter que la vie politique ne retombe dans ses travers actuels. Cette loi doit impérativement contenir les limites et mécanismes de vérification les plus stricts afin d'éviter qu'un parti majoritaire n'en fasse de mauvaise foi un usage détourné pour barrer à ses contradicteurs la voie de la participation

---

[1] MÜLLER, p. 135

[2] La loi allemande sur les partis politiques.

politique et leur interdire l'accès aux institutions, voire ne s'impose en tant que parti unique.

Cette loi pourrait, à titre d'exemple, faire peser certaines conditions ou obligations sur les associations désireuses d'obtenir le statut légal de parti politique et le droit de participer aux élections. De telles prescriptions pourraient imposer à tout parti politique :

- D'avoir une organisation interne démocratique ;
- De publier à échéances régulières un programme politique officiel ;
- De dévoiler ses sources de financement ;
- De dévoiler les liens d'intérêt des plus importants de ses membres.

L'adoption d'une structure interne démocratique et d'un programme politique viserait à empêcher le maintien des partis féodaux sur la scène publique. Ces deux obligations sont en effet en mesure de contraindre de tels partis à se réformer et à devenir des partis modernes.

L'obligation d'avoir une structure interne démocratique[1] permettrait de limiter l'hégémonie des grandes familles et des chefs féodaux sur des partis entièrement portés à leur service. Cette mesure ne viserait pas à leur interdire d'être à la tête d'un parti, mais à les contraindre à se soumettre aux règles statutaires internes, renforçant ainsi le rôle de plateformes de participation politique et d'intermédiaires entre les électeurs et les institutions qui échoit aux partis. L'organisation interne d'un parti politique devrait au minimum comprendre :

- L'organisation transparente d'élections internes à

[1] Pour une analyse détaillée des principes qui sous-tendent une telle obligation ainsi que de ses implications théoriques et pratiques, *cf.* VAN BIEZEN.

échéances régulières ;

- Le droit de chaque membre du parti de se présenter aux élections internes et de faire campagne ;
- Le droit de chaque membre de recourir auprès d'un tribunal étatique contre les décisions rendues en dernière instance par les organes ou tribunaux internes du parti.

L'existence d'un pluralisme inter-partisan mène à un renforcement général de la démocratie. L'organisation interne d'un parti politique laisse en effet présager du type de gouvernance qu'il pourrait mettre en œuvre s'il réussissait à accéder au pouvoir ; en d'autres termes, des partis dotés d'une structure interne démocratique sont bien plus susceptibles d'adopter un comportement démocratique au sein des institutions étatiques, conformément à l'esprit de ces dernières. Grâce aux débats internes, les membres du parti politique intègrent l'idée que les perdants d'un débat ou d'une élection ne sortent pas *ipso facto* du champ des institutions et qu'il peut exister une opposition loyale et une dissidence légitime[1].

L'adoption officielle d'un programme politique, soit une série de propositions (sur le plan matériel) présentées comme étant le plan d'action du parti en cas d'accession au pouvoir (sur le plan de la forme), interdirait aux partis de demeurer actifs sur la scène politique en ayant pour seul discours la mobilisation d'un instinct communautaire grégaire et/ou la loyauté à un chef féodal. Une telle mesure servirait également à favoriser la transparence et la culture électorale au Liban, en rendant les campagnes électorales plus objectives.

Enfin, une dernière mesure pourrait être prévue par la loi électorale, qui imposerait à chaque liste électorale de con-

---

[1] MÜLLER, p. 133.

clure des apparentements avec d'autres listes dans un nombre minimal de circonscriptions – 60% ou 70% de ces dernières, par exemple. Une telle obligation forcerait les partis politiques à mener campagne sur l'entièreté ou presque du territoire libanais, ce qui permettrait à toute offre politique d'être généralisée et de bénéficier à l'ensemble des citoyens libanais. Inversement, les partis-communautés ne pourraient plus cantonner leurs activités politiques et électorales aux régions de la seule communauté confessionnelle qu'ils prétendent représenter. Cette mesure favoriserait de plus l'avènement de majorités cohérentes aux programmes électoraux communs.

Une telle obligation devra néanmoins être encadrée de mécanismes permettant d'éviter son contournement par les partis à travers la conclusion d'apparentements factices – à la manière de certaines alliances électorales contre-nature conclues sous l'empire de la loi électorale libanaise de 2017 dans le seul but de maximiser le nombre de sièges obtenus par les candidats des différents bords, ou encore à la manière des alliances entre les partis-communautés visant à se procurer une « couverture » au sein des différentes communautés confessionnelles sans pour autant négocier de programme commun.

****

La nécessité d'encadrer les partis politiques libanais découle du constat, déjà évoqué, que la vie politique libanaise évolue aujourd'hui dans un régime parallèle à celui prévu par la Constitution. Ce pouvoir de fait a été modelé par les partis traditionnels, qui ont détourné les institutions de leur but initial et qui ont conféré un semblant de légitimité à des pratiques incompatibles avec l'esprit de la République libanaise.

Contrairement à ce qui est souvent évoqué, ce n'est pas le confessionnalisme institutionnel qui est la source du dysfonctionnement de l'État, mais bien les pratiques des partis-communautés. Ces derniers ont doublé le confessionnalisme constitutionnel, initialement limité par les principes de la démocratie parlementaire, d'un confessionnalisme partisan et outrancier. À moins de venir à bout de ce dernier, toutes les réformes entreprises n'auront qu'un effet négligeable.

Au cours des trois premiers chapitres, nous avons proposé un diagnostic et des remèdes pratiques à trois maux qui touchent la République libanaise. Restaurer le système parlementaire passe par une limitation des règles confessionnelles à leur champ d'application initial, par un retour du Parlement et du Gouvernement à leurs rôles constitutionnels et, surtout, par une transformation des partis politiques et de leurs pratiques.

Nous allons à présent nous pencher sur les réformes de l'architecture institutionnelle qui pourraient être entreprises dans un second temps et proposer *de lege ferenda* une nouvelle architecture du pouvoir législatif libanais.

Deuxième partie

LA RÉFORME DU POUVOIR LÉGISLATIF LIBANAIS

Chapitre IV

La réforme de la structure du Parlement libanais : le bicamérisme

De la place future du confessionnalisme au sein de l'État libanais

AU-DELÀ DU RETOUR À UNE JUSTE APPLICATION de la Constitution libanaise, il est indéniable que seule une réforme de cette dernière permettra, à terme, de moderniser les institutions de la République libanaise. Dans cette perspective, il nous faut nous pencher sur la portée de cette réforme et en particulier sur l'avenir du confessionnalisme.

Affranchir nos institutions du principe communautaire est nécessaire : en effet, la démocratie de concordance visait à rendre possible la coexistence harmonieuse, tandis que l'excès de confessionnalisme a produit l'effet inverse. Le principe de la répartition confessionnelle des fonctions publiques est devenu source de conflit et a contribué à dresser les communautés confessionnelles les unes contre les autres, au lieu de neutraliser les risques confessionnels[1]. Le confessionnalisme outrancier a empêché l'émergence d'un État véritable. L'autorité étatique s'est retrouvée affaiblie dans sa légitimité et, au lieu d'assurer un rôle de régulateur de la vie politique et sociale, elle est restée un enjeu de conquête[2].

Limiter le champ d'application de la règle confessionnelle est donc un impératif. En ce qui concerne le pouvoir législatif, une telle limitation permettrait au Parlement de jouer

---

[1] SALAM, p. 52.

[2] *Ibidem*, p. 52.

véritablement son rôle de caisse de résonnance des opinions et intérêts et de lieu de décision et de pouvoir. Maintenir les tares confessionnelles actuelles est un insoutenable *statu quo* qui revient à interdire l'émergence d'une quelconque forme de parlementarisme libéral, puisque la participation (des communautés confessionnelles) se voit attribuer l'entière préséance sur la compétition (entre les partis et entre les citoyens).

Il existe aujourd'hui au Liban un courant politique qui s'est renforcé à la suite du soulèvement d'octobre 2019 et qui prône une déconfessionnalisation complète du système politique libanais[1] en appelant à l'organisation d'« élections non-confessionnelles » ou à une transition vers un « État civil[2] ». Cette volonté d'abolir l'ensemble des règles confessionnelles, auxquelles on fait porter l'entièreté du blâme de la situation actuelle du Liban, découle d'une vision jacobine, centralisatrice et verticale du rôle de l'État. Aux yeux des partisans d'une déconfessionnalisation totale de l'État libanais, il n'est de légitimité politique hors du citoyen et aucun corps intermédiaire ou groupe social ne devrait pouvoir prétendre à un rôle politique.

Ceux qui portent l'étendard de la laïcité perdent toutefois de vue le fait que le « système français » dont ils s'inspirent n'est qu'un modèle parmi d'autres et qu'il se situe de surcroît à l'extrémité du spectre des possibles. Selon nous, une abolition pleine et entière du système de limites confessionnelles

[1] Nous excluons de cette mouvance les partis-communautés qui évoquent à intervalles réguliers une telle réforme politique à de simples fins politiciennes.

[2] Cette dernière dénomination est erronée du simple fait que la République libanaise est d'ores et déjà un État civil.

n'est en effet pas une réforme à laquelle le Liban devrait aspirer.

Sur le plan social, il convient d'abord de noter que le Liban est, paradoxalement, un pays plus « laïc[1] » que ne le laissent penser les apparences, étant donné que l'omniprésence du religieux est assimilée par la société libanaise. Il faut aussi garder à l'esprit que l'on crée souvent plus de difficultés à trop vouloir régir les relations qu'entretiennent le profane et le sacré.

Sur le plan institutionnel, la démocratie « du nombre » dans son sens le plus étroit, dite « démocratie de Westminster[2] », ne sied guère au Liban d'aujourd'hui. Le Liban a en effet été pensé pour être un État où prévaut une certaine dose de consociativisme, ou de concordance (*tawāfuqiyyah*) et a vocation à le rester.

Le confessionnalisme libanais, forme particulière de ce consociativisme, assure la participation nécessaire pour que puisse avoir lieu une saine compétition entre les courants politiques. Ce point de vue permet d'entrevoir que dans une société pluricommunautaire, la non-conformité à l'esprit du confessionnalisme est à l'origine des troubles politiques, alors qu'en apparence, c'est le confessionnalisme lui-même qui semble être en faute[3].

Un savant équilibre – dont est bien éloigné le Liban contemporain – peut être ainsi réalisé, où la forme confession-

---

[1] Pour une explication détaillée de la « laïcité à la libanaise », *cf.* MOUANNÈS : « Le Liban a opté pour une forme singulière de laïcité communautaire garantissant l'expression d'un pluralisme confessionnel ». Mouannès rapproche la situation libanaise d'une « laïcité d'union » telle que pratiquée en Allemagne ou en Italie.

[2] KOCH, p. 1.

[3] JEANBART.

nelle sert à garantir le fond libéral. Dans un tel système, « tout vice de forme – par excès ou par défaut – sacrifierait le fond qui est l'esprit même du confessionnalisme[1] » et rendrait illusoire l'établissement d'un véritable système parlementaire au Liban.

Autrement dit, tout comme l'excès de confessionnalisme, l'extrême inverse – soit la déconfessionnalisation intégrale – serait profondément préjudiciable aux institutions libanaises. L'instauration d'une architecture institutionnelle totalement déconfessionnalisée, en plus d'être politiquement irréalisable, mènerait à autant de troubles que l'excès de règles confessionnelles. Le confessionnalisme est en effet une forme parmi d'autres de *checks and balances* au sein du système politique libanais : si l'abus de telles règles conduit inévitablement à la paralysie, leur absence menace tout autant l'équilibre institutionnel.

Plus encore, l'adoption d'un régime totalement déconfessionnalisé ferait fi de l'ancrage indéniable qu'a acquis le confessionnalisme partisan au cours des dernières décennies. En d'autres termes, et selon Salam :

> « L'expérience des dernières années au Liban, où les identités confessionnelles se sont renforcées, montre à quel point il est chimérique de croire toujours en la possibilité d'une solution à la crise du régime politique au Liban par l'abolition totale *hic et nunc* de toute représentation de type confessionnel[2]. »

Limiter le rôle du confessionnalisme institutionnel permettrait de réduire le confessionnalisme partisan, mais abolir totalement le premier ne ferait que renforcer le second

---

[1] JEANBART.

[2] SALAM, p. 52.

par un réflexe de repli communautaire. Par conséquent, il n'est pas au Liban de système politique qui puisse être établi en ignorant les communautés confessionnelles, même dans l'intérêt général.

Malgré tout, la société libanaise n'est pas une « société profondément divisée » (*deeply divided society*), aux ressorts exclusivement confessionnels, contrairement à ce que laisse à penser le discours dominant sur la scène publique. Il nous faut donc garder à l'esprit que l'analyse communautaire est une analyse partielle et construite[1]. Dès lors, toute solution ne peut provenir que d'une déconstruction du confessionnalisme *partisan*, confessionnalisme que nourrissent les partis féodaux et qui tend à fortifier « l'esprit de corps » (*'aṣabiyyah*) au sein des communautés confessionnelles[2] et à isoler ces dernières les unes des autres.

En contrepartie, il s'agit de préserver, en l'adaptant, le confessionnalisme institutionnel, cette forme particulière de consociativisme qui correspond à la raison d'être du Liban contemporain, à l'intersection de trois grands ensembles géographiques et culturels. Dans un siècle dominé par une tendance au repli sur soi et à l'identitarisme sous toutes ses

[1] *Cf.* DAMIEN.

[2] Pour Nawaf Salam, « le facteur qui maintient la solidarité et anime les dynamiques des *tawâ'if*, ou communautés confessionnelles, n'est plus le dogme religieux qui présida à leur fondation mais plutôt une *'asabiyya* (ou esprit de corps) selon le modèle tribal analysé par Ibn Khaldûn dans sa *Muqaddima* » (SALAM, p. 10). Loin de nous l'idée de vouloir dénigrer l'importance sociologique de l'appartenance confessionnelle, ou de critiquer le rôle spirituel des communautés. Il est toutefois à notre sens évident que la rhétorique confessionnelle des partis politiques contribue à renforcer cette *'aṣabiyyah*, qui est indépendante de « l'attachement au contenu du dogme [religieux] originel » (*Ibidem*, p. 20) et à réduire d'autant la place du citoyen au sein de la République libanaise.

formes et dans un Proche-Orient secoué par des crises successives, le Liban ne saurait mettre fin aux si nobles principes qui président à sa destinée, ni sacrifier sur l'autel d'une chimérique laïcité l'aspiration de convivialité qui « est si propre à notre pays, au point de s'en être greffée avec le temps à son identité, malgré toutes les imperfections et tempêtes de l'histoire[1] ».

En somme, le Liban est mis au défi de maintenir son système et ses avantages sans tomber dans aucun des deux extrêmes auxquels il est confronté. Par conséquent, la réforme ne passe pas tant par une suppression du confessionnalisme que par le fait d'empêcher les risques de dérapages ou de dérives par rapport au but de ce système.

Il s'agit de réformer les institutions libanaises et en premier lieu le Parlement de manière à maintenir une certaine harmonie entre la démocratie de concordance – à travers les règles confessionnelles – et la démocratie libérale ; ou, dit autrement, entre la *participation* d'un côté et la *compétition* de l'autre. En effet, l'État ne peut se contenter d'être une émanation des communautés confessionnelles ou une assemblée de leurs envoyés respectifs, mais doit arbitrer entre elles et les citoyens de manière saine et équilibrée. Ce faisant, l'État gagnerait en légitimité et stabilité s'il parvenait à conjuguer les logiques confessionnelles et individuelles[2], qui ne sont pas exclusives.

Nous nous proposons donc de rechercher un système institutionnel qui empêcherait les excès du confessionnalisme ou son dérapage et qui en rétablirait l'esprit en tant que moyen au service d'un but.

---

[1] JEANBART.

[2] SALAM, p. 52.

Du système de limites supérieures et inférieures et de ses tares

Une première ébauche de solution consisterait à « libérer » les sièges parlementaires des règles confessionnelles – en supprimant les quotas confessionnels – et à instaurer des limites au niveau de la Chambre entière. Introduire un nombre maximal de députés par communauté confessionnelle permettrait par exemple de limiter le monopole que pourraient avoir les grandes communautés sur la Chambre. Inversement, une limite inférieure du nombre de députés par communauté empêcherait une petite communauté de ne compter aucun élu à la place de l'Étoile.

Si de telles limites assoupliraient grandement les règles confessionnelles, le Parlement n'en resterait pas moins marqué du sceau du confessionnalisme et de la représentation communautaire. Cette solution maintiendrait en effet la déformation confessionnelle du rôle de la députation et contredirait ce que nous avons écrit aux chapitres précédents en rapport avec le fait que les députés ne doivent pas représenter leur communauté. Nous l'écartons donc au profit d'une distinction claire entre la représentation citoyenne et la représentation confessionnelle, distinction qui ne peut être réalisée qu'à travers un pouvoir législatif bicaméral, c'est-à-dire un parlement comportant deux chambres distinctes.

Du système bicaméral

Adopté au sortir de la guerre civile libanaise, l'accord de Taëf prévoyait l'adoption du bicamérisme (art. 2-A, par. 7, de l'accord de Taëf) concomitamment à « l'abolition du confessionnalisme politique » (art. 2-G). Cette disposition programmatique a été intégrée dans la Constitution libanaise en 1990 :

> Constitution libanaise, article 22 :
>
> « Avec l'élection de la première Chambre des députés sur une base nationale et non confessionnelle, un Sénat sera créé où seront représentées toutes les familles spirituelles [...]. »

Cette réforme n'a cependant jamais été mise en œuvre et les rares débats s'y rapportant se limitent à des généralités. Un parlement bicaméral pourrait pourtant permettre au Liban de se doter d'un pouvoir législatif moderne, où l'influence du confessionnalisme serait limitée au juste nécessaire et au sein duquel les citoyens seraient mieux représentés.

La réforme du Parlement libanais impose donc une réflexion quant aux modalités d'application de l'article 22 de la Constitution : quelles seraient les fonctions d'une éventuelle seconde chambre parlementaire ? Quelle forme prendrait le Sénat libanais et quelles seraient ses compétences ? Comment réaliser l'équilibre entre parlementarisme libéral et concordance politique ?

Il est communément accepté que les chambres hautes remplissent deux fonctions différentes. La première est de permettre une représentation différenciée de la société, en se faisant le porte-voix de groupes sociaux ou d'intérêts différents de ceux qui s'expriment au sein de la chambre basse[1]. La deuxième est de constituer un contre-pouvoir au sein du pouvoir législatif[2], puisqu'elles procurent un avis différent de celui de la chambre basse et, en l'absence de consensus, ralentissent la prise de décision sur les sujets qui revêtent une certaine importance.

Il est frappant de constater que ce sont précisément ces mêmes arguments favorables au système bicaméral que recueillit, au début de l'année 1926, la commission chargée d'établir un projet de constitution pour l'État du Grand Liban, alors sous mandat français. Les réponses à l'enquête d'opinions menée auprès des politiques et dirigeants, des magistrats et fonctionnaires de haut rang, ainsi que des corps constitués – syndicats et ordres, chambres d'agriculture et de commerce, *et cætera* – furent exposées par Chebl Dammous, rapporteur de la commission, et citées dans un commentaire de la Constitution libanaise, œuvre du juriste et historien Edmond Rabbath. À la question du nombre de chambres que devrait compter le futur parlement libanais, les réponses se portèrent à la quasi-unanimité 127 voix contre 7 – sur le bicamérisme. Les sondés préféraient un parlement bicaméral à une chambre unique au motif que ceci garantirait « l'acheminement du pays dans la droite voie, [car] l'erreur commise par [une chambre] pouvait être réparée par l'autre », ce qui permettrait de « [joindre] à la vigueur de la jeunesse l'expérience de la vieillesse et, par là, [d'éviter] les entraînements dangereux et irréfléchis[3] ». Ils affirmèrent de plus que « la diversité des modes d'élection

---

[1] PATTERSON/MUGHAN, p. 9.

[2] *Ibidem*, p. 22 ; RIESCHER/RUß/HAAS, p. 10.

[3] RABBATH, p. 20.

pour les chambres assurait mieux la représentation réelle du pays ».

Le Parlement libanais institué en 1926 compta brièvement deux chambres, avant que son Sénat ne soit, un an plus tard, incorporé dans la Chambre des députés, qui devint l'unique organe législatif de la jeune République.

Les aspects favorables du bicamérisme, dont la pertinence n'est pas diminuée par l'écoulement du temps, peuvent aujourd'hui contribuer à assainir le fonctionnement du Parlement libanais. Ces différents aspects feront l'objet de notre propos au cours des chapitres à venir : nous procéderons à un exposé de l'émergence des chambres hautes en tant qu'institutions distinctes et à une comparaison de leur rôle et de leurs compétences dans différents pays. Ce faisant, nous chercherons à déterminer la manière dont le Liban pourrait s'inspirer des parlements bicaméraux à travers le monde pour réformer son pouvoir législatif.

De quels parlements bicaméraux le Liban peut-il s'inspirer ?

De par le monde, soixante-dix-huit États[1] – soit un peu plus de 40% des États Membres de l'Organisation des Nations-Unies – sont dotés d'un parlement bicaméral. Nous avons choisi de porter notre recherche sur les institutions des États suivants : la République italienne, le Royaume d'Espagne, la République d'Afrique du Sud et la République de Bosnie-Herzégovine.

La **République italienne** et le **Royaume d'Espagne** sont deux États centralisés dont le système politique est parlementaire (*cf.* article premier, par. 3, de la Constitution espagnole) – caractéristiques qu'ils partagent avec la République

[1] Union Interparlementaire, National Parliaments.

libanaise (par. A et C du Préambule de la Constitution libanaise). L'Italie, tout comme le Liban, connaît de fréquents épisodes de paralysie institutionnelle ; de manière générale, l'État y est faible face aux partis politiques[1]. L'Espagne a été, quant à elle, secouée jusque dans un passé récent par des forces centrifuges qui rappellent les difficultés que connaît l'État libanais à établir son autorité sur l'ensemble de son territoire.

Il convient en particulier de relever que tant l'Espagne que l'Italie se définissent comme étant des nations « une[s] et indivisible[s] » (art. 5 de la Constitution italienne), à « l'unité indissoluble » (art. 2 de la Constitution espagnole), qui reconnaissent et garantissent néanmoins « le droit à l'autonomie des nationalités et des régions » (art. 2 de la Constitution espagnole ; *cf.* art. 5 de la Constitution italienne). De la même façon, le Liban se proclame « [p]atrie [...] unitaire dans son territoire, son peuple et ses institutions » (par. A du Préambule de la Constitution libanaise) tout en ménageant de larges garanties aux communautés confessionnelles (par. J du Préambule et art. 9, 24 et 95 de la Constitution libanaise). Les chambres hautes italienne et espagnole étant l'un des modes d'expression de ces garanties[2] (art. 57, par. 1, de la Constitution italienne ; art. 69, par. 1, de la Constitution espagnole), il serait pertinent que le Liban s'en inspire.

La **République d'Afrique du Sud** a connu des décennies d'apartheid qui ont été suivies d'un processus de réconciliation nationale et de l'adoption, en 1996, d'une Constitution pensée pour assurer l'équilibre politique en dépit des ten-

---

[1] RIESCHER/RUß/HAAS, p. 287 ; AMATO, p. 226.

[2] RIESCHER/RUß/HAAS, p. 189.

sions latentes[1]. Par contraste, la reconstruction des institutions étatiques libanaises, entreprise durant la même décennie que la réconciliation sud-africaine, n'a pas été menée avec succès. L'Afrique du Sud a fait le choix d'une politique dite de « gouvernement coopératif » (art. 40 et 41 de la Constitution sud-africaine) qui n'est pas sans rappeler la forme consociative que prend le pouvoir libanais[2] (par. J du Préambule, art. 65, par. 5, et art. 95, par. 3, de la Constitution libanaise). L'Afrique du Sud et le Liban ont pour point commun le fait que la société de chacun de ces deux pays est traversée de nombreuses et complexes lignes de fracture, qui vont au-delà des divisions raciales[3] ou communautaires. Ces dernières y prennent toutefois une place prépondérante et y structurent la vie politique.

L'Italie, l'Espagne et l'Afrique du Sud offrent cependant deux modèles différents pour ce qui a trait à la répartition des compétences entre les chambres parlementaires : au « bicamérisme parfait » à l'italienne (art. 70 et suivants de la Constitution italienne) s'oppose le « bicamérisme imparfait » selon les modèles espagnol et sud-africain (art. 88 et suivants de la Constitution espagnole ; art. 73 et suivants de la Constitution sud-africaine). La comparaison de ces systèmes nous permettra de déduire le type de bicamérisme qui sied le plus à la situation du Liban.

La comparaison avec le système parlementaire de la **République de Bosnie-Herzégovine** est pertinente en raison du conflit qui a déchiré l'ex-Yougoslavie dans les années 1990, lequel n'est pas sans rappeler la guerre civile libanaise. La Bosnie-Herzégovine est régulièrement traversée de ten-

---

[1] *Cf.* NOLTING, pp. 157-158.

[2] KOCH, paragraphes 2, 43 ss ; SALAM, pp. 101-102.

[3] RIESCHER/RUß/HAAS, p. 157.

sions ethniques et communautaires qui ont poussé les rédacteurs de la Constitution bosnienne à prévoir un système politique à forte connotation consociative. La présidence de la République y est ainsi tricéphale (art. V de la Constitution bosnienne) et compte un représentant de chacune des nationalités qui composent le pays – les Bosniaques, les Serbes et les Croates[1]. Plus encore, ces trois peuples sont représentés de manière paritaire – à raison de cinq sièges chacun – au sein de la Chambre des peuples, chambre haute du Parlement bosnien[2] (art. IV de la Constitution bosnienne). Le système de quotas parlementaires remonte au premier parlement établi sous la férule de l'Empire d'Autriche-Hongrie, où chacune des confessions orthodoxe, catholique, musulmane et juive bénéficiait d'un certain nombre de sièges réservés. Un troisième facteur rapproche la Bosnie-Herzégovine du Liban contemporain : la structure institutionnelle y est faible depuis l'époque de la guerre froide et la majorité des décisions politiques sont prises en dehors du Parlement[3].

Des nombreux **projets de constitution** qui ont fleuri depuis l'établissement de la République libanaise, celui avancé en 1976 par le professeur de droit et diplomate Antoine Fattal a attiré notre attention[4]. Il prévoyait une république fédérale, dans laquelle les entités fédérées seraient établies selon des critères géographiques et non confessionnels et où un parlement bicaméral, composé à la fois de représentants des communautés confessionnelles et du peuple libanais,

---

[1] BANOVIĆ/GAVRIĆ/BARREIRO MARIÑO, pp. 25 et ss.

[2] *Ibidem*, p. 32.

[3] *Ibidem*, pp. 30-31.

[4] Nous remercions Me Nassib Chedid pour l'accès qu'il nous a aimablement accordé à ses archives.

serait l'autorité suprême de l'État. Nous nous en inspirerons également là où nous le jugerons utile.

Enfin, nous entreprendrons ponctuellement des comparaisons du système parlementaire en vigueur dans la **Confédération suisse**, aux **États-Unis d'Amérique**, dans la **République française**, dans la **République fédérale d'Allemagne**, au **Royaume-Uni de Grande-Bretagne et d'Irlande du Nord**, au **Royaume des Pays-Bas** et au **Canada**.

État	Nom du parlement bicaméral	Chambre haute	Chambre basse
Royaume d'Espagne	Cortes Generales	Sénat	Congrès des députés
République italienne	Parlement	Sénat	Chambre des députés
République d'Afrique du Sud	Parlement	Conseil national des provinces	Assemblée nationale
République de Bosnie-Herzégovine	Assemblée parlement-aire	Chambre des peuples	Chambre des représentants
Confédéra-tion suisse	Assemblée fédérale	Conseil des États	Conseil national
États-Unis d'Amérique	Congrès	Sénat	Chambre des représentants
République française	Parlement	Sénat	Assemblée nationale
République fédérale d'Allemagne	Assemblée fédérale	Bundesrat	Bundestag (« diète fédérale »)
Royaume des Pays-Bas	États généraux	Première chambre	Seconde chambre
Royaume-Uni	Parlement	Chambre des lords	Chambre des communes
Canada	Parlement	Sénat	Chambre des communes

Tableau n° 2 – Chambres basses et chambres hautes de différents parlements bicaméraux.

Chapitre V

La première fonction des chambres hautes : une représentation différenciée

La nécessaire dualité de la représentation

L'origine du bicamérisme : du Moyen-Âge à la révolution française de 1789

LA FORME MULTI-CAMÉRALE des assemblées législatives est issue de la société féodale du Moyen-Âge, fortement stratifiée, et de la représentation des différents ordres sociétaux d'alors au sein d'assemblées qui leur étaient propres[1]. C'est ainsi qu'en 1295, la convocation des États généraux de la noblesse, du clergé et des roturiers du Royaume d'Angleterre par le roi Édouard Ier a conduit le haut-clergé et les barons à siéger ensemble, formant ce qui allait devenir la Chambre des lords, et la petite noblesse à s'associer aux roturiers au sein de la future Chambre des Communes[2], donnant au Parlement du Royaume-Uni la forme bicamérale que nous lui connaissons aujourd'hui.

À partir de la révolution française de 1789, cette représentation différenciée au sein d'une société d'ordres fut combattue par les partisans de l'indivisibilité de la volonté générale et de l'impossibilité de son expression à travers plusieurs corps[3]. Ceux-ci s'appuyaient entre autres sur les écrits de Jean-Jacques Rousseau, qui, en 1771 déjà, proclamait que « chaque individu [devait] avoir sa voix ; nul corps,

---

[1] SHELL, p. 5 ; PATTERSON/MUGHAN, p. 2 ; RIESCHER/RUß/HAAS, p. 7.

[2] MARIOTT, pp. 6-8.

[3] FIORENTINO, pp. 18-20 ; SHELL, pp. 12-13.

quel qu'il soit, n'en [devrait] avoir une[1] ». Le peuple étant le seul détenteur de la souveraineté, l'idée même de seconde chambre fut alors rejetée[2] malgré l'opinion contraire exprimée par d'autres philosophes du XVIIIe siècle, dont Montesquieu. Pour les révolutionnaires d'alors, la nation étant une, sa volonté ne saurait être divisée, ni empêchée par l'action contraire d'une seconde chambre[3].

Le 17 juin 1789, les représentants du tiers-état, auxquels s'étaient joints de nombreux membres du clergé, se proclamèrent « Assemblée nationale », uniques représentants du peuple[4]. Ces principes reçurent leur consécration dans une motion votée ce même jour et dans une allocution prononcée par l'abbé Emmanuel-Joseph Sieyès :

> « La représentation étant une et indivisible, aucun des députés, dans quelque ordre ou classe qu'il soit choisi, n'a le droit d'exercer ses fonctions séparément de la présente assemblée[5]. »

> « Il n'appartient qu'à [cette Assemblée] d'interpréter et de représenter les volontés générales de la Nation : nulle autre Chambre de Députés [...] ne pouvant rien ôter à la force de ses délibérations[6]. »

La représentation différenciée au sein de plusieurs assemblées a donc été combattue en raison du fait qu'elle ac-

---

[1] ROUSSEAU, p. 69.

[2] GAUCHET, p. 35 ; FIORENTINO, p. 18 ; DURAND, p. 287.

[3] MORABITO, p. 51 ; FINER, p. 683 ; RIESCHER/RUß/HAAS, p. 75.

[4] MORABITO, pp. 49-50.

[5] Déclaration votée par les représentants élus du tiers-État le 17 juin 1789, citée par BUCHEZ, p. 315.

[6] Discours prononcé par l'abbé Sieyès, rapporté dans : *Récit de ce qui s'est passé à l'Assemblée Nationale le 17 juin 1789*, p. 2 ; voir aussi BUCHEZ, p. 308.

corderait une voix aux corps sociaux, ce qui, selon Adhémar Esmein, juriste de la fin du XIXe siècle et fondateur du courant du droit constitutionnel classique, « dénaturerait [...] la souveraineté nationale qui suit la loi du nombre[1] ».

De nos jours encore, l'argument le plus souvent employé en faveur du système unicaméral est que les décisions prises par la majorité ne sauraient être entravées[2]. Cet argument découle de la théorie unitaire du peuple et de la nation, qui est perpétuée aujourd'hui, *inter alia*, dans certaines décisions du Conseil constitutionnel français[3]. Cette conception est également reflétée dans la Constitution libanaise, qui définit le Liban comme un État « unitaire dans son territoire, *son peuple* et ses institutions » (par. A du Préambule de la Constitution libanaise ; italique ajouté).

La « pluralité dans l'unité » : le bicamérisme contemporain comme réponse à la complexité sociale

Toutefois, d'autres auteurs réfutèrent l'idée que la notion de l'indivisibilité de la souveraineté nationale interdise d'adopter la forme bicamérale. En effet, dans un parlement bicaméral, la délégation octroyée par le peuple n'est donnée qu'à un seul parlement malgré la dualité des chambres qui composent ce dernier[4]. La structure duale du pouvoir législatif serait même un impératif étant donné que la société se

---

[1] ESMEIN, p. 307.

[2] RIKER, p. 102.

[3] À titre d'exemple, la décision n° 99-412 DC, qui restreint la reconnaissance et l'enseignement des langues régionales sous prétexte que ceux-ci « porte[raient] atteinte aux principes constitutionnels d'indivisibilité de la République, d'égalité devant la loi et d'unicité du peuple français » (Conseil constitutionnel français, décision n° 99-412 DC du 15 juin 1999).

[4] DUGUIT, pp. 706-707.

compose, en sus des citoyens pris individuellement, de divers groupes sociaux[1].

Léon Duguit, juriste du début du XXe siècle et doyen de la faculté de droit de Bordeaux, en tira la conclusion que la volonté exprimée par le parlement ne serait véritablement nationale qu'à partir du moment où elle comprend la volonté de tous les « éléments constitutifs de la nation[2] », soit *à la fois* celle des individus et celle des groupes sociaux. Étant donné qu'une chambre unique « ne peut avoir qualité pour parler au nom des différentes parties[3] », un parlement bicaméral permet d'affiner la représentation de la volonté de la nation et n'équivaut pas à la division de cette dernière. Cette évidence faisait même regretter à Herman Finer, politologue anglais du début du XXe siècle, l'abandon de la forme bicamérale par la deuxième République française (en 1848) en raison du « stupide argument [*sic*] de l'unité de la volonté nationale[4] ».

Par conséquent, et afin que le parlement puisse parler au nom des éléments individuels et collectifs qui composent la société[5], seule une chambre parlementaire dédiée pourrait représenter les groupes sociaux[6]. Pour Walter Bagehot, économiste du XIXe siècle et spécialiste du droit constitutionnel anglais, une chambre haute serait « extrêmement utile, si ce n'est tout à fait nécessaire[7] » en raison de l'imperfection de la

---

[1] DUGUIT, p. 710.

[2] *Ibidem*, p. 754.

[3] Sénat français, « Formes et fonctions du bicamérisme dans le monde ».

[4] FINER, p. 683, note 1, notre traduction.

[5] DUGUIT, p. 754.

[6] *Ibidem*, p. 710.

[7] BAGEHOT, p. 171, notre traduction.

seule chambre basse, et ce dans le but d'offrir un reflet satisfaisant de la société.

L'absence de contradiction entre l'unité de la nation et la représentation distincte des groupes sociaux ressort, à titre d'exemple, de la Constitution espagnole :

> Constitution espagnole, article 2 :
>
> « La Constitution a pour fondement l'unité indissoluble de la Nation espagnole, patrie commune et indivisible de tous les Espagnols. Elle reconnaît et garantit le droit à l'autonomie des nationalités et des régions qui la composent et la solidarité entre elles. »

Tout en proclamant l'unité de la nation, cette disposition consacre d'importants principes d'organisation de l'État espagnol[1] : outre le fait qu'elle fonde le régime des autonomies régionales garanties par Madrid aux provinces du Royaume, elle est à la base du système bicaméral des *Cortes Generales*, le Parlement espagnol. Dès lors, les communautés autonomes et les provinces se voient octroyer une représentation dédiée au sein du Sénat espagnol[2].

De nos jours, les parlements bicaméraux sont avant tout associés aux États fédéraux, car ils permettent la représentation du peuple au sein de la chambre basse et celle des entités fédérées au sein de la chambre haute[3] (tel est notamment le cas dans la République d'Afrique du Sud, aux États-Unis d'Amérique, dans la Confédération suisse ou dans la République fédérale d'Allemagne). Il n'est en revanche pas inhabituel que des États unitaires adoptent la forme bicamérale

---

[1] CORDES/KLEINER-LIEBAU, p. 189.

[2] FLORES JUBERÍAS, p. 260.

[3] *Ibidem*, p. 260.

pour mieux refléter les intérêts des territoires (Royaume d'Espagne, République française), des classes sociales (Royaume-Uni), des groupes professionnels[1] (République d'Irlande) ou des groupes ethniques ou autres minorités[2] (République de Bosnie-Herzégovine[3]).

Les parlements bicaméraux garantissent donc la « pluralité dans l'unité[4] » : tandis que l'unité de la nation et l'égalité citoyenne sont incarnées par la chambre basse, la chambre haute est, elle, l'expression de la pluralité de la société[5] et des groupes qui la composent.

En définitive, l'utilité généralement reconnue au bicamérisme est qu'il incarne un « compromis institutionnalisé[6] » entre les anciennes et les nouvelles formes de légitimité. Quant aux chambres hautes, elles permettent « d'assurer la représentation de groupes sociaux susceptibles de constituer des relais entre l'État et l'individu» et qui, autrement, ne parviendraient pas à se frayer un chemin jusqu'à la chambre basse[7].

****

---

[1] FLORES JUBERÍAS, p. 260.

[2] PATTERSON/MUGHAN, p. 22 ; RIESCHER/RUß/HAAS, p. 10.

[3] BANOVIĆ/GAVRIĆ /BARREIRO MARIÑO, p. 32. La République de Bosnie-Herzégovine est certes un État fédéral, mais la chambre haute du Parlement bosnien représente les nationalités constitutives et non les entités fédérées.

[4] KARPEN, p. 173, notre traduction.

[5] *Ibidem*, p. 173.

[6] SCHÜTTEMEYER/STURM, p. 517, notre traduction.

[7] DURAND, pp. 287-288.

L'architecture du palais de Westminster, siège du Parlement bicaméral du Royaume-Uni, illustre de la plus éclatante des manières ce « compromis institutionnalisé ».

Lorsque l'observateur se tient au centre de la pièce circulaire qui relie les deux ailes du palais, il peut voir, sur sa droite, et à travers une enfilade de portails et de couloirs, le dais doré surmontant le trône, symbole de la monarchie britannique. Ce trône se trouve au centre de la Chambre des lords, où siègent les pairs du Royaume-Uni ; le monarque y préside à la cérémonie annuelle d'ouverture du Parlement britannique. Tournant la tête vers la gauche, ce même observateur peut alors apercevoir, au centre de la Chambre des communes, le siège de cuir vert du *speaker* ; ce dernier dirige les débats entre les députés de la majorité et ceux de l'opposition au sein de la chambre basse du Parlement.

Le trône du monarque et le siège du *speaker* de la Chambre des communes, situés aux deux extrémités du palais de Westminster, se font face et se complètent. Ils sont situés au centre des deux chambres du Parlement britannique, dont les fonctions différenciées permettent d'aboutir à une représentation plus affinée des sentiments populaires et sociaux. Ce trône doré, ce siège surélevé et ces deux chambres parlementaires démontrent, par leur situation architecturale, le compromis réalisé par le biais du système bicaméral entre les légitimités anciennes et les nouvelles sources du pouvoir.

Le rôle du Sénat libanais *de lege ferenda* : la représentation des communautés confessionnelles

Le bicamérisme comme possibilité de réforme du pouvoir législatif libanais

La situation que connaît le Liban est à l'opposé de cet état de fait : les groupes sociaux que sont les communautés confessionnelles disposent déjà de quotas au sein du Parlement (annexe 1 à la loi électorale libanaise de 2017). Qui plus est, les députés remplissent, en vertu de la pratique politique actuelle qui tend à l'exacerbation du confessionnalisme, le rôle de représentants de leur communauté confessionnelle respective[1]. C'est en revanche l'expression politique des citoyens, confisquée par les partis communautaires, qui ne parvient guère à accéder aux institutions. En d'autres termes, le Parlement libanais actuel joue *de facto* le rôle d'une chambre haute.

La réforme du pouvoir législatif libanais passerait donc inévitablement par l'octroi d'un rôle politique aux citoyens à travers l'institution d'une chambre basse déconfessionnalisée représentant le peuple. Un **Parlement bicaméral** institué en application de l'article 22 de l'actuelle Constitution libanaise prendrait la forme suivante[2] :

- La chambre haute – que l'on nommera ci-après **Sénat** – représenterait les communautés confessionnelles ;
- La chambre basse – que l'on nommera ci-après **Chambre des députés** – serait élue sans contraintes confessionnelles aucunes et représenterait le peuple.

---

[1] MUHANNA, p. 15. Nous avons également abordé cette question en détail au chapitre premier.

[2] *Ibidem*, pp. 3-4, 15.

La séparation de la représentation du citoyen de celle des communautés confessionnelles

L'intérêt d'un Parlement bicaméral au Liban résiderait précisément dans le fait de donner tant aux citoyens qu'aux communautés confessionnelles l'assurance d'être représentés au sein du pouvoir législatif. Les deux logiques que sont la participation et la compétition pourraient ainsi être conciliées par la dualité des chambres. Une telle réforme permettrait surtout au rôle du citoyen de déployer sa pleine signification en ôtant aux communautés confessionnelles leur rôle d'« intermédiaires obligés[1] » entre l'État et les individus.

Le bicamérisme autoriserait en effet une « représentation divisée[2] » qui viendrait remplir un besoin de représentation équitable[3] sans que l'exercice de la citoyenneté ne fasse outrage à la démocratie de concordance. Quant aux communautés confessionnelles, elles recevraient l'assurance de ne pas être marginalisées grâce à leur place au sein de la chambre haute. En ce sens, la séparation de la représentation des citoyens de celle des communautés confessionnelles constituerait une alternative au système actuel de quotas[4], tout en présentant des avantages indubitables sur ce dernier.

Une telle séparation de la représentation aurait pour but de parvenir à l'émancipation de la vie politique libanaise de l'étau communautaire partisan, en démantelant le monopole qu'exerce le discours communautaire sur la vie politique. *De lege ferenda*, les institutions parlementaires libanaises ne seraient pas simplement le lieu de l'équilibre confessionnel – comme c'est le cas dans le Parlement actuel –, ni ne se cons-

---

[1] SALAM, p. 50.

[2] PATTERSON/MUGHAN, p. 1, notre traduction.

[3] *Ibidem*, p. 10.

[4] *Cf.* BULMER, p. 8.

truiraient en opposition aux communautés confessionnelles, mais elles seraient « capable[s] de les contenir [au sein du Sénat] et de les transcender [par la Chambre des députés][1] ».

Un Parlement bicaméral apporterait donc l'avantage de comporter une chambre basse au mandat directement conféré par le peuple[2] et une chambre haute qui incarnerait « un sentiment [qui est] à la base de la société[3] », soit le sentiment d'appartenance confessionnel. Comme mentionné précédemment, ce dernier n'est certes pas un phénomène dont on peut généraliser l'existence chez chaque citoyen libanais, mais il n'en est pas moins répandu et a acquis un ancrage social certain au cours des dernières décennies[4].

L'endiguement du confessionnalisme

Le danger existe cependant que la formalisation de la représentation confessionnelle au sein du Sénat exacerbe ces sentiments communautaires et légitime le discours politique basé sur le confessionnalisme. D'aucuns évoquent la possibilité que la représentation des entités territoriales contribue à « exacerber les sentiments d'exclusivité et accroître les tensions[5] ». Plus spécifiquement, il a été postulé que des institutions pensées dans le but de préserver la cohésion d'une société perçue comme étant « profondément divisée » (*deeply divided society*) affermissent dans les faits des fragmentations préexistantes et créent des divisions réelles là où elles

---

[1] SALAM, p. 68.

[2] PATTERSON/MUGHAN, p. 345.

[3] BAGEHOT, p. 106, notre traduction. Walter Bagehot faisait référence aux sentiments locaux que le Sénat américain permet de représenter ; son analyse est toutefois transposable aux « sentiments confessionnels » qui traversent la société libanaise contemporaine.

[4] SALAM, p. 52.

[5] PATTERSON/MUGAN, p. 348, notre traduction.

n'étaient qu'imaginaires[1]. En d'autres termes, la reconnaissance des différences et leur légitimation peuvent conduire à un surplus de fragmentation.

Il nous semble, au contraire, qu'un véritable facteur de renforcement du confessionnalisme se trouve plutôt dans le Parlement actuel, où les communautés confessionnelles ne sont pas formellement représentées – car les députés sont censés représenter « toute la nation » (art. 27 de la Constitution libanaise) – mais où le confessionnalisme a acquis un rôle démesuré du fait de l'action des partis politiques[2]. En revanche, la formalisation de la représentation des communautés confessionnelles au sein d'un Sénat permettrait aux citoyens en tant qu'individus et aux communautés confessionnelles d'avoir, à l'image du peuple et des nobles chez Montesquieu, « chacun leurs assemblées et leurs délibérations à part, et des vues et des intérêts séparés[3] ». Cela reviendrait, à notre sens, à canaliser le confessionnalisme et à en affranchir la Chambre des députés.

Déchargée de la tâche que lui ont aujourd'hui *de facto* attribuée les partis politiques traditionnels, à savoir la représentation des communautés confessionnelles, la Chambre des députés serait plus à même de fournir de façon partisane et non-confessionnelle deux caractéristiques essentielles à tout système parlementaire et qui font actuellement défaut : une opposition nationale comme alternative crédible au Gouvernement et des modes d'action parlementaire par lesquels cette opposition pourrait surveiller l'action de l'exécutif[4].

---

1 MAGED.

2 *Cf.* chapitres I et II.

3 DE MONTESQUIEU, Livre XI, Chapitre VI, p. 132.

4 PATTERSON/MUGAN, p. 345.

La solution que nous prônons ferait donc du Sénat libanais une « chambre des communautés confessionnelles » sans toutefois faire de la République libanaise une fédération de communautés confessionnelles. Le Liban suivrait alors le modèle de l'Espagne et de l'Italie, États unitaires dont les régions sont représentées au sein d'une chambre dédiée, à la différence près que la représentation sénatoriale se ferait au Liban sur une base confessionnelle, c'est-à-dire personnelle et non pas territoriale.

Proposition de système transitoire

Un système transitoire pourrait être prévu lors de l'adoption de cette réforme : à l'occasion des premières élections législatives qui suivraient la réforme constitutionnelle, l'électorat libanais élirait un Sénat confessionnel et une Chambre des députés déconfessionnalisée. Cette dernière serait toutefois élue sur la base de listes électorales comportant obligatoirement des candidats aux appartenances communautaires identiques à celles des sièges parlementaires qui étaient précédemment alloués à la circonscription en question.

À titre d'exemple, les listes électorales de la circonscription de Baabda – qui compte actuellement trois sièges maronites, deux sièges chiites et un siège druze – devraient obligatoirement compter dans leurs rangs trois candidats maronites, deux chiites et un druze. À l'issue du scrutin, la répartition des sièges entre les listes concurrentes se ferait en revanche sans égard pour les communautés confessionnelles : dans le cas le plus extrême, tous les députés élus, issus des différentes listes, pourraient appartenir à la même communauté.

Lors des élections législatives suivantes, la composition de la Chambre *et* celle des listes candidates seraient entièrement déconfessionnalisées.

****

La tâche de représentation attribuée à toute chambre parlementaire est intrinsèquement liée à sa composition et à son mode d'élection. Il s'agit dès lors de définir la manière dont doivent être répartis les sièges du futur Sénat entre les communautés confessionnelles et ceux de la Chambre des députés entre les circonscriptions électorales.

Chapitre VI

La composition des deux chambres du Parlement libanais

POUR QUE LES DEUX CHAMBRES d'un parlement bicaméral puissent remplir leur rôle respectif, à savoir la juste et équitable représentation de la population et des groupes sociaux, encore faut-il qu'elles soient composées de manière équilibrée. Il nous faut donc répondre aux questions suivantes : combien d'élus compteront le Sénat et la Chambre des députés d'un futur Parlement libanais bicaméral et quel sera leur mode d'élection ?

La Chambre des députés

Le Parlement libanais compte actuellement cent vingt-huit députés, soit, pour un corps électoral qui s'élevait en 2022 à 3 967 507 électeurs[1], une représentation de 30 996 électeurs par député[2]. Ce rapport électeurs/députés se situe dans le même ordre de grandeur que celui des parlements des États figurant dans le tableau suivant – États qui ont été choisis parmi les pays comptant entre deux et neuf millions d'électeurs.

Notre Parlement actuel ne compte ainsi pas un nombre trop élevé de sièges, nombre qui peut être maintenu tel quel.

---

[1] Ministère libanais de l'intérieur et des municipalités, Carte Statistique.

[2] Ceci n'enlève rien au fait, évoqué précédemment, que les députés ne représentent pas uniquement l'électorat de leur circonscription, mais l'ensemble des personnes qui y habitent (*cf.* chapitre premier). L'analyse du rapport de représentation peut en effet être également réalisée sur la base d'un rapport population totale/députés.

Il est toutefois nécessaire d'assurer une juste représentation des électeurs à travers une répartition équilibrée des sièges entre les circonscriptions électorales ; cette question sera abordée ultérieurement[1].

[1] *Cf.* chapitre IX.

État	Nombre d'électeurs[1]	Nombre d'élus à la chambre basse	Rapport électeurs/députés
Royaume de Norvège	3 530 785	169	20 892
République de Finlande	4 255 466	200	21 277
Royaume du Danemark	4 219 537	179	23 572
République d'Arménie	2 595 334	107	24 255
République orientale de l'Uruguay	2 699 978	99	27 272
Confédération suisse	5 459 218	200	27 296
République slovaque	4 432 419	150	29 549
République libanaise	**3 967 507**	**128**	**30 996**
République d'Autriche	6 396 812	183	34 955
Royaume de Belgique	8 167 709	150	54 451

Tableau n° 3 – Rapport électeurs/députés à la chambre basse dans la République libanaise et dans neuf autres États.

[1] International Foundation for Electoral Systems, *Election Guide*. Chiffres de 2019 (Norvège, Finlande, Danemark, Uruguay, Suisse, Autriche et Belgique), 2020 (Slovaquie) et 2021 (Arménie).

Le Sénat

La question de la composition de la chambre haute est de la première importance : la différence dans le mode d'élection des membres de chacune des deux chambres justifie en effet l'existence même de la chambre haute[1]. Si la composition et le mode d'élection des membres des deux chambres étaient identiques, la dualité de la représentation perdrait sa raison d'être et n'apporterait que « l'inconvénient d'un partage de l'expression de la volonté générale sans présenter l'avantage d'une quelconque diversité[2] ». James Madison, quatrième président des États-Unis d'Amérique et corédacteur des *Papiers fédéralistes*[3], faisait remarquer que « l'improbabilité de combinaisons sinistres [entre les deux chambres] sera en proportion de la dissemblance du génie des deux corps[4] » et que, partant, il fallait que les deux assemblées se distinguent l'une de l'autre.

La manière dont le Sénat libanais s'acquittera du rôle qui lui sera attribué, à savoir la représentation des communautés, est dès lors étroitement lié à son mode d'élection et à sa composition.

Le mode d'élection du Sénat libanais

Nous proposons trois solutions quant au mode d'élection du Sénat : l'élection directe par les communautés confessionnelles, l'élection indirecte par les communautés confes-

---

[1] DURAND, p. 289 ; SCHÜTTEMEYER/STURM, p. 519 ; SHELL, p. 17.

[2] DURAND, p. 289.

[3] Série d'essais publiés par James Madison, Alexander Hamilton et John Jay dans divers journaux nord-américains entre 1787 et 1788, au moment de la rédaction de la Constitution des États-Unis d'Amérique – et de l'adoption par ces derniers de la forme parlementaire bicamérale.

[4] MADISON, p. 469, notre traduction.

sionnelles ou l'élection au sein de circonscriptions géographiques mixtes.

L'**élection directe** des membres de la chambre haute verrait les sénateurs de chaque communauté confessionnelle être élus par leurs coreligionnaires uniquement, au sein de circonscriptions « personnelles » et non pas géographiquement délimitées. À titre d'exemple, les sénateurs sunnites seraient élus par les Libanais de confession sunnite, ces derniers formant une « circonscription » à caractère personnel, et ce, indépendamment du lieu où ils résident. Ceci consacrerait d'une part le rôle du Sénat en tant qu'instance représentant les communautés[1] et permettrait d'autre part à la Chambre des députés déconfessionnalisée d'agir véritablement en tant que « chambre du peuple ». En effet, le risque qu'une communauté confessionnelle s'estime lésée dans sa représentation au Sénat, ou celui que les débats à la Chambre des députés prennent à nouveau une tournure confessionnelle, seraient fortement diminués.

L'élection directe des sénateurs par leurs coreligionnaires – plutôt que leur nomination – permettrait de conférer au Sénat une véritable légitimité populaire[2]. Ceci est d'autant plus important que les communautés confessionnelles libanaises, contrairement aux entités fédérées au sein d'un État fédéral, ne disposent pas d'institutions politiques élues auxquelles la tâche de nommer les sénateurs pourrait être confiée. Le choix de l'élection directe servirait de plus à éviter que le Sénat ne se soustraie totalement aux clivages partisans[3] : il serait en effet peu souhaitable que les lignes de fracture au sein de la chambre haute ne soient exclusivement

---

[1] Voir à cet égard les écrits de Tomasz Wieciech (WIECIECH, p. 404).

[2] WIECIECH, p. 411.

[3] *Ibidem*, p. 407 ; *cf.* SCULLY, pp. 100-101.

dictées par des considérations confessionnelles. Nous faisons donc le pari que la politique libanaise mettra aux prises des partis non-confessionnels et que dans le déroulement du rythme législatif, le Sénat sera entraîné par la Chambre des députés, et non l'inverse.

Afin que ce cas de figure puisse se réaliser, il est indispensable que réussisse la déconfessionnalisation des partis politiques, mentionnée au chapitre III. Si la politique libanaise venait à opposer des partis dont les adhérents, la direction, les élus et les programmes politiques transcendent les clivages confessionnels, chaque parti aurait intérêt à présenter ses propres candidats à l'ensemble des sièges de la Chambre des députés et du Sénat. Ceci aurait pour avantage d'introduire une compétition démocratique pour l'obtention de chacun de ces sièges et diminuerait l'influence que pourraient avoir les chefs spirituels sur l'élection des membres du Sénat.

L'élection des sénateurs par leurs coreligionnaires comporterait néanmoins un risque majeur, celui de permettre le maintien – ou de provoquer le retour – des partis-communautés traditionnels. Le mécanisme électoral en question risquerait en effet d'instiguer les candidats à l'emploi d'une rhétorique exclusivement confessionnelle – et non pas basée sur des considérations politiques. Il n'est dès lors pas exclu que seuls les candidats au positionnement politique et confessionnel extrême parviennent au Sénat. De plus, l'électeur serait potentiellement contraint de voter de manière « politique » lors des élections de la Chambre des députés, puis de manière « confessionnelle » lors des élections sénatoriales ; un tel exercice de contorsion électorale pourrait provoquer le retour des réflexes communautaires lors des élections de la chambre basse.

S'ils devaient estimer qu'un tel risque est trop élevé, les constituants pourraient, en procédant à la réforme du pouvoir législatif, choisir l'une des deux options suivantes :

L'élection indirecte des sénateurs consisterait en une élection en deux étapes : les membres de chaque communauté confessionnelle éliraient des représentants, qui éliraient eux-mêmes les sénateurs de leur communauté.

L'élection des sénateurs au sein de petites circonscriptions géographiques permettrait aux membres du Sénat d'être désignés par des citoyens issus des différentes communautés confessionnelles, sans être non plus entièrement déconnectés de leurs coreligionnaires : un tel mécanisme devrait freiner les rhétoriques confessionnelles les plus extrêmes. Les sièges seraient ainsi répartis entre les circonscriptions à la manière dont sont actuellement répartis les sièges parlementaires, c'est-à-dire en fonction d'une estimation globale de la composition confessionnelle de chaque circonscription.

La représentation arithmétique et la représentation géométrique

Une fois le mode de recrutement des membres du Sénat entériné, il s'agira de procéder à l'attribution des sièges aux communautés confessionnelles.

Il appert de la comparaison des chambres hautes de différents États que la répartition des sièges entre les groupes sociaux que représentent les sénateurs peut y être prévue de deux manières[1]. La première méthode de représentation, dite **méthode arithmétique,** est généralement adoptée par les États fédéraux[2], où les entités fédérées disposent chacune

[1] SCHÄFFER, p. 27.

[2] PATTERSON/MUGHAN, p. 12.

d'un nombre égal de sièges à la chambre haute en dépit de l'écart en population qui peut exister entre elles.

La représentation arithmétique est notamment employée pour la composition des chambres hautes des États-Unis d'Amérique (article premier, section 3 par. 3, de la Constitution étasunienne), de la Confédération suisse (art. 150, par. 2, de la Constitution suisse) et de la République d'Afrique du Sud (art. 60, par. 1, de la Constitution sud-africaine) : les États américains et les cantons suisses comptent chacun deux sièges au sein des chambres hautes de leur pays respectif[1], tandis que chaque province sud-africaine délègue dix représentants au Conseil national des provinces d'Afrique du Sud. Cette méthode de répartition des sièges à la chambre haute permet de garantir une importante surreprésentation aux entités fédérées les moins peuplées de chacun de ces pays[2]. À titre d'exemple, l'État du Wyoming (500 000 habitants) et l'État de Californie (plus de 39 millions d'habitants) élisent deux sénateurs chacun ; de même, le canton d'Uri (36 000 habitants) et celui de Zurich (1 500 000 habitants) comptent chacun deux sièges de conseillers aux États.

La représentation arithmétique est également employée à la Chambre des peuples de Bosnie-Herzégovine. Ce ne sont néanmoins pas des représentants des entités fédérées, mais

---

[1] À l'exception des cantons d'Obwald, de Nidwald, d'Appenzell Rhodes-Intérieures, d'Appenzell Rhodes-Extérieures, de Bâle-Ville et de Bâle-Campagne, qui n'élisent qu'un conseiller aux États chacun (art. 150, par. 2, de la Constitution suisse). Le principe de la répartition arithmétique n'en est pas moins respecté, puisque ces six cantons formaient auparavant trois cantons qui se sont, à des époques diverses et pour des raisons variées, séparés chacun en deux cantons distincts.

[2] Pour les États-Unis d'Amérique, *cf.* BENNETT, pp. 146-147, SHELL, p. 12, et PATTERSON/MUGHAN, p. 11 ; pour la Confédération suisse, *cf.* BONJOUR, pp. 164-165.

cinq représentants de chacun des trois peuples constituants (art. IV, par. 1, de la Constitution bosnienne) que sont les Bosniaques, les Croates et les Serbes (par. 10 du Préambule de la Constitution bosnienne) qui y siègent.

La deuxième méthode de représentation, dite **méthode géométrique,** prévoit une répartition des sièges entre les groupes sociaux ou entités territoriales au prorata de leur population. Cette représentation proportionnée étant généralement l'apanage de la chambre basse, la chambre haute ne peut l'adopter sans que sa composition ne se rapproche grandement de celle de la chambre basse – ce qui ôterait au bicamérisme son sens. Dans la pratique, ce mode de représentation prend dès lors le plus souvent la forme d'un compromis entre une représentation arithmétique pure, soit une représentation égalitaire, et une représentation géométrique pure, soit une représentation proportionnée[1]. C'est ainsi qu'au sein du Sénat espagnol, les cinquante provinces élisent quatre sénateurs chacune[2] et les communautés autonomes un sénateur chacune, auquel se rajoute un sénateur par million d'habitants[3] (art. 69 de la Constitution espagnole). Le Sénat italien compte quant à lui un nombre d'élus par région équivalent à la part de la population de cette région dans la population italienne, avec la garantie d'un nombre minimal de sept sièges par région[4] (art. 57, par. 2 et 4, de la Constitu-

[1] WIECIECH, p. 394.

[2] À l'exception des provinces insulaires (les Îles Baléares, Las Palmas, Santa Cruz et Tenerife) et des cités de Ceuta et Melilla, qui élisent un, deux ou trois sénateurs chacune (art. 69, par. 3 et 4 de la Constitution espagnole).

[3] FLORES JUBERÍAS, pp. 268-269, 270 ; CORDES/KLEINER-LIEBAU, pp. 193-194.

[4] Seules les régions du Molise et de la Vallée d'Aoste élisent moins de sept sénateurs (art. 59, par. 3, de la Constitution italienne). Le Sénat italien

tion italienne). Enfin, la composition du *Bundesrat* de la République fédérale d'Allemagne est grossièrement proportionnée à la population des seize *Länder* allemands[1] : les *Länder* se voient attribuer trois sièges chacun, auxquels s'ajoutent un siège pour ceux qui comptent plus de deux millions d'habitants, deux pour ceux qui en comptent plus de six et trois pour ceux qui en comptent plus de sept (art. 51, par. 2, de la Loi fondamentale allemande).

La composition du Sénat libanais : entre parité islamo-chrétienne et surreprésentation des minorités

La répartition des sièges entre les communautés confessionnelles au sein du Parlement libanais actuel s'opère, selon l'article 24 de la Constitution libanaise, « à égalité entre chrétiens et musulmans [et] proportionnellement entre les communautés de chacune de ces deux catégories ». En réalité, cette répartition ne peut être réalisée « proportionnellement entre les communautés » pour la simple raison qu'il est impossible de déterminer avec précision le nombre de citoyens que compte chaque communauté confessionnelle, le dernier recensement officiel de la population libanaise ayant eu lieu en 1932[2]. C'est pour cette raison que la répartition actuelle des sièges parlementaires entre les communautés confessionnelles, héritée de l'accord de Taëf et inchangée depuis 1992[3], est fondée sur le principe de la parité (*munāṣafah*) entre musulmans et chrétiens, mais surtout sur une dis-

---

compte également un petit nombre de sénateurs nommés à vie (art. 59, par. 2).

[1] PATTERSON/MUGHAN, p. 5.

[2] MAJED, p. 43, RABBATH, p. 81.

[3] *Cf.* KARAM.

tribution des sièges selon le poids démographique estimé des communautés (art. 2-A, par. 5, de l'accord de Taëf).

Instaurer un Sénat libanais dont la composition serait basée sur le modèle arithmétique, soit en attribuant un nombre égal de sièges à chaque communauté confessionnelle, nous paraît être une solution impraticable. Le Liban compte en effet une douzaine de communautés confessionnelles chrétiennes reconnues contre cinq communautés confessionnelles musulmanes seulement. La solution arithmétique imposerait donc l'abandon de la formule paritaire entre chrétiens et musulmans ; or cette dernière est aujourd'hui largement acceptée comme étant la pierre angulaire de l'État libanais[1]. Elle mènerait de plus à ce que neuf communautés confessionnelles (les communautés syriaques orthodoxe et catholique, nestorienne, chaldéenne, catholique romaine, copte, juive et ismaélite) contrôlent près de la moitié du Sénat, quand bien même elles ne comptaient en 2010 que pour environ 1,5% du nombre de citoyens libanais inscrits sur les listes électorales[2]. Bien que compatible avec l'objectif de surreprésentation des minorités qui incomberait au Sénat libanais, cette solution serait si anti démocratique que nous ne pouvons que l'abandonner.

De même, moduler la répartition des sièges des sénateurs en fonction du poids exact de chaque communauté confessionnelle selon la méthode géométrique n'est pas non plus souhaitable, sachant que les communautés minoritaires perdraient alors toute garantie quant à l'influence qu'elles pourraient exercer au sein de l'État libanais. En outre, il serait contre-indiqué de prévoir pour le Sénat libanais un système similaire à celui qui prévaut en Espagne, en Italie ou en Al-

---

[1] *Cf.* MUHANNA, p. 16.

[2] *Ibidem*, pp. 13-14.

lemagne – soit un système où le nombre de sièges attribués à chaque entité représentée peut varier en fonction de l'évolution démographique. En effet, un tel système ne mènerait pas à la parité islamo-chrétienne et risquerait d'occasionner des tensions démographiques entre les communautés.

Demeure donc la possibilité de combiner les méthodes arithmétique et géométrique. Si une telle solution venait à être adoptée, la composition du Sénat libanais se rapprocherait de celle du Sénat canadien, où l'égalité de représentation est prévue non pas directement entre les provinces, mais entre quatre « circonscriptions sénatoriales » (art. 22 de la Loi constitutionnelle canadienne de 1867). Les vingt-quatre sièges attribués à chaque circonscription sénatoriale (représentation arithmétique, égalitaire) sont ensuite répartis entre les différentes provinces qui la composent en fonction de la taille de la population de chaque province (représentation géométrique proportionnelle). Deux provinces – dont le Québec francophone – étant également des circonscriptions sénatoriales, elles jouissent d'une surreprésentation par rapport aux provinces qui composent les deux autres circonscriptions. Cette différence de traitement est pensée comme un compromis entre le principe de représentation égalitaire des entités fédérées du Canada et celui d'une représentation proportionnée à leur poids démographique ; elle sert notamment à accorder à la minorité francophone du Canada un poids plus important au sein de la chambre haute[1].

[1] WIECIECH, p. 395.

Circonscription sénatoriale[1]	**Province**	**Sièges par province** (représentation géométrique)	**Sièges par circonscription sénatoriale** (représentation arithmétique)
Ontario	Ontario	24	24
Québec	Québec	24	24
Provinces maritimes	Nouveau Brunswick	10	24
	Nouvelle Écosse	10	
	Île du Prince Édouard	4	
Ouest canadien	Manitoba	6	24
	Saskatchewan	6	
	Alberta	6	
	Colombie Britannique	6	

Tableau n° 4 – Répartition des sièges du Sénat canadien.

Appliquée au Liban, cette solution conduirait à maintenir une représentation paritaire entre les deux grands groupes que forment les communautés musulmanes, d'une part, et chrétiennes, d'autre part, tout en pondérant la représentation de chacune des communautés confessionnelles à son

[1] Six sièges supplémentaires sont également attribués à la province de Terre-Neuve-et-Labrador, ainsi qu'un siège à chacun des trois territoires du Nord canadien (Territoires du Nord-Ouest, Yukon et Nunavut).

poids démographique relatif et en assurant la surreprésentation des communautés confessionnelles minoritaires.

La représentation de la communauté juive libanaise

Le sujet de la composition communautaire du Sénat nécessite une courte digression sur le terrain de la représentation de la communauté juive.

Les membres de la communauté juive libanaise, qui comptait plusieurs milliers d'âmes avant que n'éclate la guerre civile, en 1975, s'est depuis réduite comme peau de chagrin en raison des mauvais traitements et de la discrimination qu'elle a subis – et notamment du fait de l'assimilation erronée du Judaïsme au sionisme. Ses principaux représentants connus vivent aujourd'hui outre-mer et les lieux de culte hébraïques, s'ils ont été remarquablement restaurés après la guerre civile libanaise, demeurent vides. Le Liban, qui se veut pourtant être un « pays-message » – selon l'expression employée en 1997 par le pape saint Jean-Paul II – qui rassemble toutes les familles spirituelles dont il est formé, a donc exclu – voire persécuté – l'une des communautés confessionnelles qui composent sa société.

Or la République libanaise, qui reconnaît et protège ses communautés confessionnelles *notamment* à travers leur droit à la participation au pouvoir législatif, ne saurait exclure la communauté juive libanaise sans commettre d'entorse aux principes qu'elle souhaite elle-même promouvoir. Certes, les Libanais de confession juive peuvent aujourd'hui se porter candidats au siège attribué aux « communautés minoritaires » du Parlement actuel, siège qui est compté parmi les soixante-quatre sièges attribués aux chrétiens. Dans un esprit de concorde et afin de parfaire son rôle de porte-parole de la coexistence harmonieuse, l'État libanais devrait néanmoins accorder à sa communauté juive d'être pleinement représentée au sein de la chambre haute du Parlement au même titre que les autres communautés confessionnelles. La République libanaise deviendrait ce faisant une véritable « [p]atrie définitive pour tous ses fils » (par. A du Préambule de la Constitution libanaise), sans exception aucune.

Nous proposons donc qu'un siège au sein du futur Sénat libanais soit réservé à la communauté juive.

	Communauté	Sièges au Parlement actuel	Proposition de composition du Sénat
a	Maronite	34	8
b	Grecque-orthodoxe	14	4
c	Grecque-catholique (melkite)	8	3
d	Arménienne-orthodoxe	5	2
e	Arménienne-catholique	1	1
f	Protestante	1	1
g	Autres communautés chrétiennes	1	1
	Total communautés chrétiennes	**64**	**20**
h	Sunnite	27	8
i	Chiite	27	8
j	Druze	8	3
k	Alaouite	2	1
	Total communautés musulmanes	**64**	**20**
m	**Juive**[1]	**0**	**1**
	Total	**128**	**41**

Tableau n° 5 – Proposition de répartition des sièges du Sénat libanais entre les communautés confessionnelles.

[1] La communauté juive libanaise ne compte pas de siège dédié au sein du Parlement actuel, mais les Libanais de confession juive peuvent néan-

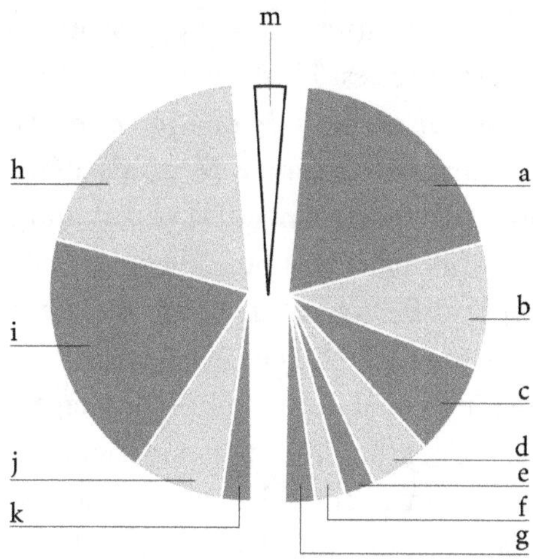

Diagramme n° 2 - Proposition de répartition des sièges du Sénat libanais entre les communautés confessionnelles

Proposition de composition du Sénat libanais

Nous avons développé une proposition de composition du Sénat libanais – illustrée par le tableau ci-contre – dans laquelle ce dernier compterait quarante-et-un sièges. Nous y répartissons les sièges entre les communautés confessionnelles de sorte à satisfaire aux quatre critères suivants :

- Parité islamo-chrétienne ;
- Surreprésentation des communautés confessionnelles minoritaires ;
- Octroi d'un nombre égal de sièges aux trois plus grandes communautés confessionnelles du Liban – c'est-à-dire les communautés maronite, chiite et sunnite ;
- Représentation de la communauté juive.

---

moins se porter candidats au siège attribué aux « autres communautés chrétiennes ».

Dans notre proposition, la surreprésentation des communautés minoritaires est illustrée par le fait que **le rapport électeurs/sénateur au sein de chaque communauté confessionnelle s'accroîtrait avec le poids démographique de la communauté concernée**. De ce fait, moins une communauté confessionnelle compte d'électeurs, plus le rapport entre le nombre d'électeurs que compte cette communauté et le nombre de sénateurs qu'elle élit serait petit.

Le rapport maximal du nombre de sièges entre deux communautés, soit 1/8, serait bien supérieur au rapport démographique maximal entre les communautés confessionnelles comptant le plus grand nombre d'électeurs et celles ayant le plus faible poids démographique[1]. À titre d'exemple, la communauté sunnite compterait soixante-et-une fois plus d'électeurs (1 081 411) que la communauté protestante (17 691)[2], mais huit fois plus de sièges de sénateurs seulement.

---

[1] *Cf.* WIECIECH, pp. 395-396.

[2] ATALLAH/ZOUGHAIB, Lebanon's Parliamentary Elections of 2018, p. 5.

Communauté	Nombre d'électeurs en 2018[1]	Sièges dans un Sénat de 41 sénateurs	Rapport électeurs/sénateurs
Juive	4 805	1	**4 805**
Protestante	17 691	1	**17 691**
Arménienne-catholique	20 313	1	**20 313**
Alaouite	35 696	1	**35 696**
Autres communautés chrétiennes	49 428	1	**49 428**
Arménienne-orthodoxe	86 138	2	**43 069**
Grecque-catholique	167 226	3	**55 742**
Druze	210 607	3	**70 202,33**
Grecque-orthodoxe	257 788	4	**64 447**
Maronite	746 525	8	**93 313**
Chiite	1 073 504	8	**134 188**
Sunnite	1 081 411	8	**135 176,38**

Tableau n° 6 – Rapport électeurs/sénateur selon notre proposition de répartition des sièges du Sénat libanais.

Une chambre parlementaire plutôt qu'une instance intercommunautaire

Finalement, le Sénat libanais serait pensé comme une véritable chambre parlementaire et non pas comme une ins-

[1] ATALLAH/ZOUGHAIB, Lebanon's Parliamentary Elections of 2018, p. 5 ; chiffres valables pour les élections de 2022.

tance « intergouvernementale » à la manière du Conseil national des provinces sud-africaines[1] ou du *Bundesrat* allemand[2].

Dans ces deux chambres hautes en effet, les élus forment de véritables « délégations » qui représentent respectivement les gouvernements des provinces et des *Länder*. C'est pour cette raison qu'au Conseil national des provinces, les dix délégués de chaque province d'Afrique du Sud expriment collectivement une seule voix (art. 65, par. 1(a), de la Constitution sud-africaine) qui reflète non pas leur opinion individuelle mais celle du pouvoir législatif de la province qu'ils représentent[3]. Au sein du *Bundesrat* allemand, les délégués d'un même *Land* expriment chacun une voix, mais ne peuvent voter de manière divergente les uns des autres (art. 51, par. 3, de la Loi fondamentale allemande). De plus, étant donné que la composition d'une délégation d'un *Land* allemand ou d'une province sud-africaine dépend de la majorité au pouvoir au sein de la province ou du *Land* en question, cette délégation varie en fonction des résultats des élections locales (art. 51, par. 1, de la Loi fondamentale allemande ; art. 60, par. 2, et art. 61 de la Constitution sud-africaine). Lors de la reconstruction des institutions d'Afrique du Sud à la suite de la fin du régime d'apartheid, la chambre haute sud-africaine, calquée sur le modèle du *Bundesrat* allemand[4], a explicitement été conçue comme un « conseil des pro-

---

[1] NOLTING, p. 151.

[2] LAUVAUX, pp. 87-88.

[3] Cour constitutionnelle d'Afrique du Sud, CCT/37/96, paragraphe 62.

[4] NOLTING, p. 151, nb. n° 6.

vinces et non pas comme une chambre composée de représentants élus[1] ».

Le Liban n'étant pas un État fédéral et les communautés confessionnelles ne disposant pas d'institutions élues, un tel système ne serait pas transposable au sein du Sénat libanais. Les sénateurs, certes élus par leurs coreligionnaires, ne devraient pas être des « envoyés » des communautés confessionnelles. Ils rempliraient leur rôle de parlementaires et exerceraient leur droit de vote de manière individuelle, sans mandat impératif de leurs électeurs – de tels mandats impératifs étant par ailleurs prohibés par l'article 27 de la Constitution libanaise. Ils ne pourraient en particulier pas être « rappelés » en cours de mandat par leurs électeurs[2].

Du cumul des mandats

Après avoir défini le nombre des députés et des sénateurs et leur mode d'élection, il nous faut maintenant nous intéresser à leurs qualités personnelles. L'article 7 de la loi électorale libanaise de 2017 dispose que seuls les Libanais âgés de 25 ans révolus peuvent être candidats aux élections. Une telle limite n'a, par le passé, pas fait l'objet de critiques ou de controverses ; il reviendra aux constituants de décider de son maintien ou de son abaissement à l'âge de la majorité.

Bien plus controversée en revanche est la question du cumul des mandats de parlementaire et de ministre, cumul qui est autorisé *de lege lata* (art. 28 de la Constitution libanaise) et qui a été largement pratiqué ces dernières décennies.

---

[1] Cour constitutionnelle d'Afrique du Sud, CCT/37/96, paragraphe 62, notre traduction.

[2] Une telle solution « fédéralisante » a par ailleurs été rejetée en Espagne (FLORES JUBERÍAS, p. 274).

Il nous est évident qu'il faille interdire le *cumul horizontal des mandats parlementaires* – soit le cumul des mandats de député et de sénateur. Ces derniers ont en effet des fonctions, des modes de désignation et des attributions différentes et nous ne pouvons imaginer la manière dont un élu pourrait siéger à la fois à la Chambre des députés et au Sénat.

La loi devra définir si et dans quelle mesure sera autorisé le *cumul vertical des mandats*, soit le cumul d'un mandat au niveau national et d'un poste au niveau local – *mukhtār*[1], membre ou président d'un conseil municipal, caïmacan (*qā'im maqām*) ou gouverneur[2] (*muḫāfez*). En particulier, l'appartenance d'un député ou sénateur à un conseil municipal pourrait n'être admise que pour les municipalités dont la taille n'excède pas un certain seuil. La loi devra de plus définir les règles d'accès des fonctionnaires de première catégorie aux mandats électifs.

Enfin, le cumul d'un mandat de parlementaire et d'un poste au Gouvernement a donné lieu à bien des récriminations et controverses au cours des dernières années, en raison de la double fonction de député-ministre que s'octroyaient de nombreux politiques de premier plan.

Il semble d'abord important de préciser que le cumul des fonctions de Premier ministre avec celle de député ou de sénateur devrait être autorisée. Le Premier ministre conduit en effet la politique du Gouvernement ; il se trouve de ce fait à la tête de la majorité parlementaire – tout comme il pourrait être choisi hors du cercle des députés et sénateurs de la

---

[1] Le *mukhtār* est élu à l'échelon du quartier et est chargé de la tenue du registre de l'État civil.

[2] Le caïmacan est le représentant de l'État au sein d'un caza (*qaḏā'*, district) ; le gouverneur est, quant à lui, à la tête d'un gouvernorat (*muḫāfazāh*).

coalition majoritaire, en étant agréé par ces derniers. Rien ne devrait donc empêcher le Premier ministre d'être désigné parmi les députés ou sénateurs.

Comme les élections parlementaires consistent, pour la majorité au pouvoir, en un retour devant l'électorat à qui elle soumet son bilan politique, le Premier ministre et les membres du Gouvernement devraient être autorisés à se porter candidats à des sièges de députés ou de sénateurs. Cela implique évidemment l'adoption de règles très strictes sur la conduite de la campagne électorale et l'impartialité des urnes : ni le Premier ministre, ni les membres du Gouvernement, ni, *a fortiori*, le ministre de l'Intérieur – qui est le ministre de tutelle dans le cadre de l'organisation des élections – ne devraient avoir la possibilité de faire usage de leur poste à leur avantage lors de la campagne électorale ou de fausser la bonne tenue des élections et le dépouillement des urnes.

Enfin, si les ministres du Gouvernement sortant devraient pouvoir être candidats lors des élections législatives, la question se pose de savoir si les ministres du Gouvernement à former après les élections pourront être pris parmi les députés et les sénateurs, c'est-à-dire si le cumul du poste de député ou de sénateur d'un côté, et de celui de ministre de l'autre, sera autorisé. Cette question sera résolue en fonction du degré de fusion souhaité entre les pouvoirs exécutif et législatif. Il nous semble toutefois souhaitable de limiter, voire d'exclure totalement cette possibilité afin de permettre la réalisation pleine et entière du rôle de contrôle de l'exécutif qui est dévolu au Parlement.

Il faudrait néanmoins permettre à un ministre de se présenter aux élections législatives sans avoir à renoncer à être reconduit à son poste au Gouvernement en cas de victoire de son camp politique. Pour ce faire, il pourrait être utile de prévoir qu'en cas d'accession d'un membre de la Chambre des députés à un portefeuille gouvernemental, cet élu perdrait son poste de député au profit du premier candidat non-élu de sa propre liste électorale au cours des dernières élections. Une telle solution autoriserait le Premier ministre à choisir ses ministres parmi les membres de la Chambre des députés, renforçant de la sorte la légitimité individuelle des ministres, tout en garantissant au parti politique concerné le maintien du siège parlementaire en cause, puisque ce siège serait repourvu sans qu'il ne faille procéder à des élections partielles. Il va néanmoins de soi que si le parlementaire ayant accédé au poste de ministre venait à démissionner en cours de législature, ou si le gouvernement au sein duquel il siège était renversé, il ne recouvrerait pas son poste de parlementaire au détriment de son remplaçant.

Cette solution ne peut être appliquée aux sénateurs, car les élections sénatoriales n'impliqueront pas forcément la constitution de listes, notamment en ce qui concerne les sièges des sénateurs des communautés confessionnelles qui ne détiendront qu'un seul siège à la chambre haute. Comme les sénateurs ne disposent pas du pouvoir d'accorder ou de retirer la confiance au Gouvernement, il pourrait être décidé qu'un sénateur nommé ministre ne perdra pas son poste à la chambre haute. Inversement, le législateur pourrait tout aussi bien décider qu'un sénateur nommé ministre sera réputé démissionnaire et que des élections complémentaires seront organisées pour le remplacer.

Des présidences

Enfin, nous ne pouvons faire l'économie d'un exposé au sujet des présidences de la Chambre des députés et du Sénat.

Dans la pratique politique libanaise des dernières décennies, la stabilité des relations entre les chefs communautaires féodaux s'est substituée à l'équilibre supposé exister entre les trois pouvoirs. C'est ainsi qu'après la guerre civile, la République libanaise a adopté un fonctionnement « tricéphale[1] », toute décision d'importance impliquant l'assentiment de chacune des « trois présidences » – présidence de la République, du Conseil des ministres et du Parlement. L'envergure acquise par le poste de président du Parlement depuis 1992 découle donc en partie du système confessionnel. La présidence du Parlement a même acquis un pouvoir discrétionnaire, menant l'action du Parlement comme il lui sied[2] et contribuant ainsi à l'impuissance du pouvoir législatif.

Les présidents de la Chambre des députés et du Sénat devraient, *de lege ferenda*, être de véritables *speakers* neutres, chargés d'organiser les débats parlementaires. Leur rôle devrait ainsi se limiter à la défense du rôle du Parlement bicaméral en tant qu'institution centrale de la République libanaise, à la liaison entre les différents groupes politiques de manière neutre et équitable, au suivi de la bonne marche du travail parlementaire ainsi qu'à la surveillance du respect des procédures parlementaires. Leur action doit donc contribuer à ce que la majorité gouvernementale puisse exposer son programme législatif et de gouvernance, le défendre et

[1] MAÏLA, pp. 18-20. Au cours des années 1990, la République libanaise était pratiquement gouvernée, avec l'assentiment des forces d'occupation syriennes, par une « troïka », triumvirat composé du président de la République Élias el-Hraoui, du premier ministre Rafic el-Hariri et du président du Parlement Nabih Berri.

[2] À titre d'exemple, les dernières décennies ont vu des projets de loi demeurer indéfiniment dans les tiroirs de l'Administration et n'être mis à l'examen qu'au moment qui sied au maître du perchoir. De même, lors des séances parlementaires, le règlement interne du Parlement était systématiquement violé.

l'adopter, ou encore le faire évoluer en fonction des arguments avancés par l'opposition. Ils doivent veiller à ce que l'opposition puisse exprimer son avis minoritaire, surveiller et critiquer l'action du Gouvernement, s'y opposer dans la limite des règles de procédure et formuler des propositions alternatives.

Les constituants pourraient décider de maintenir le système actuel qui veut que le président du Parlement soit élu pour l'entier de la législature, ou de prévoir que la présidence de chacune des deux chambres sera tournante sur une base annuelle[1] et que son occupant ne pourra être élu deux années d'affilée. Cette deuxième solution présenterait toutefois l'inconvénient d'affaiblir le pouvoir législatif vis-à-vis du Gouvernement.

Enfin, l'action des présidents de la Chambre des députés et du Sénat devrait être centrée sur le siège du parlement et non sur un palais « présidentiel » dédié à leur charge, comme c'est le cas actuellement. S'ils doivent être dotés d'une équipe de travail et de moyens aptes à leur permettre de remplir leur rôle, ils ne doivent pas pour autant acquérir un rôle « exécutif », ni un rôle de « troisième pôle » de la République libanaise.

---

[1] Avant la réforme de la Constitution de 1990 qui a suivi l'adoption de l'Accord de Taëf, la présidence du Parlement libanais était renouvelée sur une base annuelle sans qu'il ne soit fait interdiction à son occupant d'être réélu d'une année à l'autre (art. 44 de la Constitution libanaise dans sa version en vigueur entre 1947 et 1990). Dans son projet de constitution rédigé en 1976, Antoine Fattal proposait que la présidence de chacune des deux chambres du Parlement soit renouvelée de session en session et qu'un parlementaire ne puisse occuper l'un de ces deux postes au cours de deux sessions parlementaires successives (FATTAL, art. 54 et 56).

Il nous faut finalement évoquer l'appartenance confessionnelle de chacun des postes de président du Sénat et de la Chambre des députés.

La transition vers une Chambre des députés non confessionnelle implique que la présidence de la chambre basse ne pourra plus être réservée à une communauté confessionnelle déterminée. En effet, les députés étant élus librement, sans aucune contrainte confessionnelle, l'élection du président de la Chambre des députés ne pourra se faire selon des critères confessionnels. Le fait de réserver le poste de *speaker* aux seuls députés issus d'une communauté constituerait une grave entorse au principe voulant que la Chambre des députés ne représente pas les communautés, mais le peuple libanais. La présidence de la Chambre des députés devra donc être également déconfessionnalisée et le président ne sera pas exclusivement choisi parmi les députés de confession chiite, mais parmi l'ensemble des députés, sans distinction confessionnelle.

Une fois la présidence de la Chambre des députés déconfessionnalisée, il serait contre-indiqué d'attribuer la présidence du Sénat nouvellement créé à une communauté confessionnelle déterminée. Le débat sur l'attribution de la présidence du futur Sénat, qui oppose les communautés grecque-orthodoxe et druze dès qu'il est question d'instituer un Sénat, est dès lors sans objet. Trois solutions s'offrent alors à nous :

– L'attribution de la présidence de la chambre haute à toutes les communautés confessionnelles sur une base tournante. Au vu du grand nombre de communautés, il serait utile de prévoir une présidence tournante d'une durée d'une année. Cette solution a l'inconvénient d'assurer aux sénateurs issus des communautés qui ne disposent que d'un seul siège au Sénat leur élection à la présidence une fois le tour de leur communauté venu ;

- L'attribution de la présidence de la chambre haute faisant alterner les communautés musulmanes avec les communautés chrétiennes. Cette solution a l'inconvénient d'interdire l'accès à la présidence du Sénat au sénateur représentant la communauté juive ;
- La déconfessionnalisation de la présidence de la chambre haute : le président du Sénat serait alors élu parmi l'ensemble des sénateurs, sans distinction confessionnelle.

Quoiqu'il en soit, l'adoption du bicamérisme imposerait de revoir l'ensemble du système politique libanais. En effet, une fois la présidence de la Chambre des députés déconfessionnalisée, la présidence de la République ne pourra plus être réservée aux seuls maronites, ni la présidence du Conseil des ministres aux Libanais issus de la communauté sunnite. On comprend donc que le système confessionnel actuel impose une révision complète des équilibres à la moindre réforme et qu'il est impossible de procéder à une révision sectorielle de nos institutions. Les changements devront donc être pensés de manière globale au niveau de l'intégralité de l'État et toucheront également le pouvoir exécutif, sa forme, son élection ou désignation et sa composition, ses prérogatives, *et cætera*. Cette réorganisation du pouvoir exécutif mérite en tout état de cause que les rédacteurs d'une nouvelle constitution s'y intéressent.

Chapitre VII

La deuxième fonction des chambres hautes : le contre-pouvoir

Compétences de la chambre haute et légitimité

AU SEIN DES PARLEMENTS BICAMÉRAUX, les chambres hautes peuvent souffrir d'un déficit de légitimité si le rôle de représentation qui leur est attribué n'est pas assorti d'une fonction politique clairement définie dans l'architecture institutionnelle[1]. Durant la révolution française de 1789, l'abbé Emmanuel-Joseph Sieyès s'opposa à l'instauration d'un parlement bicaméral au motif que la chambre haute serait dangereuse si elle s'opposait à la chambre basse et inutile si elle était en accord avec cette dernière[2]. Ce faisant, il résumait le dilemme auquel sont confrontées les chambres hautes : non seulement doivent-elles se distinguer de la chambre basse afin de voir leur existence justifiée, mais elles sont dans le même temps tenues de ne pas en diverger dans une trop grande mesure pour ne pas être perçues comme faisant obstruction à la bonne marche des institutions[3].

L'élaboration de la composition de la chambre haute ne doit donc pas occulter le débat de l'établissement des compétences qui doivent lui revenir[4].

---

[1] SCHÜTTEMEYER/STURM, p. 519 ; RIESCHER/RUß/HAAS, p. 11.

[2] SCHWARZ-LIEBERMANN VON WAHLENDORF, p. 5 ; RIESCHER/RUß/HAAS, p. 5.

[3] SCHÜTTEMEYER/STURM, p. 519.

[4] *Cf.* SCULLY, p. 93.

La « valeur institutionnelle de la redondance »

Les rôles généralement attribués aux chambres hautes sont ceux du contrôle, de l'équilibre, de la réflexion et de la révision[1]. Selon le principe de « constitution mixte » avancé par Aristote[2] et repris par l'historien grec Polybe[3], une combinaison des trois formes de gouvernement que sont la monarchie, l'aristocratie et la démocratie permet de tirer le meilleur de chacune. Appliqué à un État moderne, ce principe classerait les institutions de la sorte : le pouvoir exécutif incarnerait la monarchie ; la chambre basse, la démocratie ; et la chambre haute personnifierait l'aristocratie, chargée de maintenir l'harmonie entre les deux premiers en prodiguant conseil et en assurant contrôle et arbitrage[4]. Dans le même ordre d'idées, Montesquieu recommandait un système d'équilibre des pouvoirs où l'assemblée des nobles pourrait « arrêter les entreprises du peuple, comme le peuple a[urait] le droit d'arrêter les [siennes][5] ».

Le bicamérisme est donc une forme de *checks and balances* qui érige des remparts contre des décisions hâtives et qui impose une double délibération avant qu'il ne soit permis de légiférer[6]. Le rôle qui revient à la chambre haute est ainsi un rôle de modération des actes de la chambre basse, et ce, même lorsque la seconde est subordonnée à la première[7]. Quand bien même elle ne dispose pas d'un pouvoir de veto absolu envers les actes législatifs de la chambre basse, la

---

[1] RIESCHER/RUß/HAAS, p. 4.

[2] SHELL, p. 6.

[3] POLYBE, p. 71.

[4] RIESCHER/RUß/HAAS, pp. 5-6 ; *cf.* SHELL, p. 7.

[5] DE MONTESQUIEU, Livre XI, Chapitre VI, p. 132.

[6] MADISON, p. 469 ; PATTERSON/MUGHAN, p. 22.

[7] PATTERSON/MUGHAN, p. 12.

chambre haute peut, par le veto relatif, la révision des projets législatifs ou le ralentissement de la légifération, apporter un contrepoids démocratique nécessaire face à la majorité politique[1]. Les attributions de la chambre haute agissent comme un rappel des principes fondamentaux du système juridique et imposent au législateur de mieux prendre en compte le poids de chaque facteur, stabilisant par là le processus législatif en faisant de la loi une véritable œuvre de pesée des intérêts[2].

Du fait de ce rôle de contrepoids endossé par la chambre haute, la majorité politique au sein de la chambre basse ne peut faire abstraction de l'opinion des sénateurs. La chambre basse, aux dires de François-Antoine de Boissy d'Anglas, l'un des rédacteurs de la Constitution française de 1795, « porte-ra[it] plus d'attention à ses décisions, par cela seul qu'elles devront subir une révision[3] ». Enfin, le philosophe et économiste anglais du XIXe siècle John Stuart Mill – qui voyait toutefois en l'établissement d'un parlement bicaméral une question d'importance secondaire – reconnaissait l'utilité du bicamérisme dans le fait de contrer « le mauvais effet produit sur l'esprit de tout possesseur du pouvoir, que ce soit un individu ou une assemblée, par le sentiment qu'il n'a que lui à consulter[4] » :

> « Il est important que nulle assemblée d'hommes ne puisse, même temporairement, faire prévaloir son *sic volo* [sa volonté propre] sans demander le consentement de personne autre. Une majorité dans une

---

[1] SCULLY, p. 99 ; PATTERSON/MUGHAN, p. 12.

[2] SCHWARZ-LIEBERMANN VON WAHLENDORF, p. 18.

[3] Discours préliminaire au projet de constitution pour la République française, pp. 44-45.

[4] MILL, Chapitre XXX, p. 313.

> assemblée unique [...] devient aisément despotique et outrecuidante, lorsqu'elle est délivrée de la nécessité d'examiner si ses actes seront approuvés par une autre autorité constituée[1]. »

En ce sens, la chambre haute raffermit les pratiques législatives[2] en « épuisant les possibilités de l'erreur et de l'arbitraire[3] » et en introduisant au sein du système parlementaire ce que certains auteurs désignent par « la valeur institutionnelle de la redondance » (*the institutional value of redundancy*[4]).

Le risque d'entrave du pouvoir législatif qui peut résulter de l'opposition entre les deux chambres a été minoré par Boissy d'Anglas préalablement à l'adoption de la Constitution française de 1795 :

> « Si la question [qui est soumise aux délibérations du Parlement] est douteuse, de l'acceptation d'une section [assemblée] et du refus de l'autre sortira une nouvelle discussion, et dût-on persister quelquefois dans un refus mal fondé, [...] il n'y a pas la moindre comparaison entre le danger d'avoir une bonne loi de moins et celui d'avoir une mauvaise loi de plus[5]. »

Toutefois, et afin d'éviter la paralysie institutionnelle du fait de l'opposition entre les deux assemblées, les constitutions prévoyant des parlements bicaméraux règlent les mécanismes par lesquels la chambre basse peut surmonter

---

[1] MILL, Chapitre XIII, p. 313.

[2] SCHWARZ-LIEBERMANN VON WAHLENDORF, pp. 18-19.

[3] FINER, p. 677, notre traduction.

[4] PATTERSON/MUGHAN, pp. 12, 15.

[5] Discours préliminaire au projet de constitution pour la République française, pp. 44-45.

l'opinion de la chambre haute et emporter la décision[1] – hormis dans les États connaissant le système du bicamérisme parfait, où les deux chambres disposent de prérogatives identiques.

Le rôle stabilisateur de la chambre haute

Enfin, certains systèmes politiques octroient également à la chambre haute un rôle stabilisateur à travers la dissociation temporelle du mandat des sénateurs de celui des députés : les premiers sont ainsi souvent élus pour une durée plus longue que les seconds[2], ce qui leur permet d'insuffler aux institutions politiques un esprit de continuité au-delà des changements de gouvernement[3]. Du fait de la longueur de leur mandat, et n'ayant pas à faire face à la perspective d'élections aussi fréquemment que les députés, les sénateurs peuvent être chargés d'inclure une certaine vision à long terme au sein des institutions de l'État.

Tel est le cas aux États-Unis d'Amérique[4], où le Sénat est élu pour une durée de six ans (article premier, section 3 par. 1, de la Constitution étasunienne) et la Chambre des représentants pour un mandat de deux ans (article premier, section 2 par. 1), ainsi qu'en France, où les mandats sont de six ans pour le Sénat contre cinq ans pour l'Assemblée nationale (art. LO 121 et LO 275 du Code électoral français).

Dans un même objectif de stabilité, cette fois-ci au sein-même de la chambre haute, les mandats des sénateurs sont couramment renouvelés par moitié, voire par tiers[5]. Ainsi,

[1] LIJPHART, p. 192.

[2] *Ibidem*, p. 191.

[3] SHELL, p. 11 ; BULMER, p. 18 ; BENNETT, p. 150.

[4] MADISON, pp. 470-471.

[5] LIJPHART, pp. 191-192 ; BULMER, p. 18.

des élections sénatoriales concernant le tiers des sièges sont organisées tous les deux ans aux États-Unis d'Amérique (article premier, section 1 par. 2, de la Constitution étasunienne), tandis que la moitié des sièges du Sénat français sont remis en jeu tous les trois ans (art. LO 276 du Code électoral français).

De lege ferenda, le mandat des sénateurs libanais pourrait être de six ans et être renouvelé par moitié ou par tiers. Si les constituants venaient à prévoir un renouvellement par moitié des sièges au sein du Sénat, il leur faudrait également prévoir que chaque renouvellement partiel ne puisse porter exclusivement sur les sièges dévolus aux communautés musulmanes ou aux communautés chrétiennes, faute de quoi la campagne électorale précédant les élections sénatoriales prendrait inévitablement une tournure confessionnelle à l'excès. Il serait donc utile de prévoir que lors d'un renouvellement partiel du Sénat, les sièges attribués à des communautés prises dans chacun de ces deux grands groupes soient renouvelés.

Le rôle du Sénat libanais *de lege ferenda* : le contre-pouvoir communautaire

Comme exposé au chapitre précédent, le Sénat libanais, par son rôle de représentant des communautés confessionnelles, délestera la Chambre des députés de l'étau du confessionnalisme. De même, le contre-pouvoir qu'il exercera empêchera les institutions législatives libanaises de tomber dans l'excès inverse, à savoir celui d'exclure les communautés minoritaires de toute participation politique en leur qualité de groupes sociaux.

Le délicat équilibre entre les deux principes que sont la participation politique des communautés et la compétition libérale dépend quant à lui de la répartition des compétences entre les deux chambres que compterait le Parlement bicaméral libanais. Afin que l'intégration des intérêts communautaires n'empiète pas sur la représentation citoyenne, il est en particulier nécessaire que la décision finale en ce qui concerne la législation ordinaire revienne à la Chambre des députés en cas de divergence entre les deux chambres.

En nous basant sur les principes qui régissent la répartition des compétences entre chacune des deux assemblées d'un parlement bicaméral, nous tâcherons, au cours du chapitre suivant, de délimiter celles de la Chambre des députés et du Sénat d'un futur Parlement libanais bicaméral.

Chapitre VIII

La répartition des compétences entre les deux chambres du Parlement libanais

Les différents modèles, entre le bicamérisme parfait et le simple pouvoir de veto

DES COMPÉTENCES ATTRIBUÉES à chacune des deux chambres dépend l'équilibre entre les intérêts représentés par les députés et ceux qu'incarnent les sénateurs. On distingue deux sortes de répartition des compétences entre les deux chambres d'un parlement bicaméral[1] :

Dans les systèmes de **bicamérisme parfait**, les deux chambres disposent des mêmes compétences : ainsi, un projet de loi doit être approuvé en des termes identiques par chacune des deux chambres pour devenir loi. Tel est notamment le cas en Suisse (art. 156, al. 2, de la Constitution suisse) et en Italie (art. 70 et suivants de la Constitution italienne).

Dans les systèmes de **bicamérisme imparfait**, la chambre basse détient des compétences plus élargies que la chambre haute et l'emporte sur cette dernière, même si le pouvoir législatif revient formellement au parlement dans son entier (*cf.* art. 66, par. 2, de la Constitution espagnole). Il est possible de classer les différents systèmes de bicamérisme

[1] Service des affaires européennes du Sénat français, « La participation des chambres hautes à l'élaboration de la loi », p. 2.

imparfait en trois catégories en fonction des pouvoirs détenus par la chambre haute :

- Un premier modèle permet à la chambre haute d'examiner, sans pouvoir les amender, les projets de loi transmis par la chambre basse ; elle peut cependant leur opposer un veto suspensif ou définitif. La chambre basse est donc chargée de rédiger les projets de loi, projets que la chambre haute ne peut qu'approuver ou rejeter. Ce modèle, comme nous allons le voir, est aujourd'hui tombé en désuétude ;
- Selon un second modèle, la chambre haute peut amender les projets de loi, mais la chambre basse tranche définitivement les débats ;
- Dans un troisième modèle, la chambre haute ne dispose que de pouvoirs consultatifs.

Selon une conception ancienne du bicamérisme, les compétences législatives devaient être strictement divisées entre les deux chambres. À titre d'exemple, le philosophe anglais James Harrington voyait dans les sénateurs un corps chargé d'être « non pas des commandants mais des conseillers du peuple[1] », devant débattre des affaires de l'État et proposer des décrets consultatifs, que le peuple ne pouvait alors qu'adopter ou refuser[2]. À l'inverse, la Constitution française de 1795, en vigueur jusqu'en 1799, prévoyait que les projets de loi, nommés résolutions (art. 79), ne pouvaient être déposés que par la chambre basse (art. 6), nommée Conseil des cinq-cents. Il revenait ensuite à la chambre haute, le Conseil des anciens, de les approuver ou de les rejeter (art. 86) ; une fois une résolution adoptée par le Conseil des anciens, elle devenait loi (art. 92).

---

[1] HARRINGTON, p. 22, notre traduction.

[2] HAMMERSLEY, paragraphe 13.

La séparation entre le pouvoir de proposer la loi et celui de l'approuver ou de la rejeter n'est aujourd'hui de mise que dans un nombre restreint de pays, notamment aux Pays-Bas[1] (art. 82, part. 1, et art. 85 de la Constitution néerlandaise). À l'inverse, l'initiative en matière législative revient en sa totalité à chacune des deux chambres en Italie (art. 71, par. 1, de la Constitution italienne), en France (art. 39, par. 1, de la Constitution française), en Suisse (art. 160, par. 1, de la Constitution suisse) et en Bosnie-Herzégovine (art. 8 des Règles de procédure de la Chambre des représentants, art. 9 des Règles de procédure de la Chambre des peuples). Tel est également le cas en Espagne (art. 87, par. 1, de la Constitution espagnole), où les projets de loi déposés par les sénateurs doivent toutefois franchir des obstacles bien plus importants que les projets introduits par les députés[2]. Aux États-Unis d'Amérique, le pouvoir du Sénat d'introduire des projets de loi ne s'étend pas au domaine fiscal (article premier, section 7 par. 1, de la Constitution étasunienne). Quant au Conseil national des provinces d'Afrique du Sud, il ne peut faire de proposition que dans certains domaines, exhaustivement énumérés (art. 68, lettre b, de la Constitution sud-africaine).

Il est donc aujourd'hui usuel que les deux chambres détiennent l'initiative en matière législative, à tout le moins dans un grand nombre de domaines. Par conséquent, le modèle en vertu duquel la chambre haute ne dispose que d'un droit de veto législatif sans pouvoir proposer elle-même des

[1] Service des affaires européennes du Sénat français, « La participation des chambres hautes à l'élaboration de la loi », p. 37.

[2] CORDES/KLEINER-LIEBAU, p. 195 ; Service des affaires européennes du Sénat français, « La participation des chambres hautes à l'élaboration de la loi », p. 24.

projets de loi et des amendements ne sera pas exploré plus avant.

De même, nous excluons de ne faire du Sénat libanais qu'une assemblée consultative, car cela reviendrait à réduire de manière trop importante l'influence des représentants des communautés confessionnelles sur le pouvoir législatif, ce qui risquerait de conduire à un retour des politiques confessionnelles au sein de la Chambre des députés.

Nous nous pencherons donc sur les systèmes dits de bicamérisme parfait et ceux dits de bicamérisme imparfait où la Chambre haute dispose du pouvoir d'amender les projets de loi sans pouvoir statuer en dernière instance.

Ces deux systèmes ne sont pas exclusifs : il demeure en effet possible de délimiter les compétences de chacune des deux chambres selon le domaine législatif en cause. Certains pays ayant fait le choix du bicamérisme imparfait ont en effet accordé aux deux chambres des compétences similaires en ce qui concerne certains sujets d'importance primordiale, notamment la révision de la constitution (*cf.* art. 166 et suivants de la Constitution espagnole ; art. 89 de la Constitution française). Toute comparaison des compétences de diverses assemblées parlementaires doit ainsi distinguer entre les « compétences ordinaires », qui touchent à la législation courante, et les « compétences d'importance fondamentale ». Une telle distinction est d'autant plus pertinente que l'article 22 de la Constitution libanaise prévoit que les attributions du Sénat « seront limitées aux questions nationales d'intérêt majeur » (*al-qaḏāya al-maṣīriyyah*).

Les compétences législatives ordinaires

Le bicamérisme parfait italien

En Italie, la fonction législative est exercée tant formellement que matériellement par les deux chambres (art. 70 à 72 de la Constitution italienne) : la Chambre des députés et le Sénat doivent adopter la même version d'un projet pour qu'une loi voie le jour[1], ce qui peut conduire à un va-et-vient infini entre une chambre et l'autre.

Les chiffres démontrent néanmoins que le système italien de bicamérisme parfait ne conduit pas à autant de blocages que l'on serait en droit de croire. À titre d'exemple, au cours des XIIIe et XIVe législatures du Parlement italien (1996-2001 et 2001-2006, respectivement) – période durant laquelle les gouvernements disposaient souvent d'une très petite majorité, voire d'une majorité dans une seule des deux chambres – 78% des projets de loi finirent par être adoptés et deux tiers des lois adoptées le furent sans avoir été renvoyées à la chambre dans laquelle elles avaient été étudiées en première lecture[2]. En dépit de cela, la vie politique italienne est décrite comme étant caractérisée par le « règne des partis politiques, [le] blocage de la démocratie, [l']instabilité gouvernementale et [la] fragmentation du paysage politique[3] », et le Sénat italien est qualifié de superfétatoire en raison des similitudes qu'il présente avec la Chambre des députés[4].

Au vu de la toute-puissance des partis politiques et des problèmes de gouvernance auxquels le Liban est confronté,

[1] HORNIG, pp. 280-281.

[2] *Ibidem*, pp. 283-284.

[3] *Ibidem*, p. 287, notre traduction.

[4] LUCARELLI, p. 111.

il serait peu propice d'adopter un tel système de bicamérisme parfait, du moins en ce qui concerne la législation ordinaire. En Italie même, le bicamérisme parfait est par ailleurs régulièrement remis en question et se trouve au centre des réflexions portant sur une éventuelle réforme du système politique[1].

Les tentatives de réforme du pouvoir législatif italien

Deux projets de réforme constitutionnelle visant à mettre fin au bicamérisme parfait échouèrent ainsi en référendum en juillet 2006[2] et décembre 2016[3] respectivement.

Si le projet de réforme élaboré en 2016 avait été adopté, les prérogatives du Sénat italien auraient été réduites par l'établissement d'une liste exhaustive de domaines – touchant notamment aux compétences des régions – dans lesquels l'adoption d'une loi aurait nécessité l'approbation des deux chambres (art. 10, par. 1, du projet de loi constitutionnelle italienne de 2016).

Dans tous les autres domaines, la Chambre des députés aurait disposé de la « compétence législative de principe[4] » et aurait donc pu adopter les lois sans le concours du Sénat (art. 10, par. 2). Ce projet de réforme du Parlement italien aurait toutefois accordé au Sénat un « pouvoir d'appel[5] », soit le droit de se saisir d'un projet de loi dans un délai de dix jours après sa transmission – obligatoire – par la Chambre des députés, pour débattre du texte proposé et des amendements y relatifs (art. 10 par. 3). À défaut de saisine par le Sé-

---

[1] HORNIG, p. 287.

[2] LUCARELLI, pp. 112-113.

[3] RAYNER, p. 163.

[4] LUCARELLI, pp. 118-119.

[5] *Ibidem*, p. 119.

nat italien, le projet de loi en cause aurait été débattu et adopté par la seule chambre basse. Ces domaines de « compétence législative de principe » de la Chambre des députés auraient à leur tour été divisés en deux catégories : une première catégorie où la Chambre des députés se serait prononcée de manière définitive sur les amendements transmis par les sénateurs par un vote à la majorité simple[1] de ses membres, et une seconde où le rejet de ces amendements aurait requis un vote exprimé à la majorité absolue des députés[2].

Le veto suspensif du Conseil national des provinces d'Afrique du Sud et du Sénat espagnol

Le Conseil national des provinces d'Afrique du Sud détient un pouvoir de veto suspensif[3] pour toutes les affaires législatives qui n'affectent pas les provinces (art. 75 de la Constitution sud-africaine) ainsi que pour toutes les affaires budgétaires (art. 77, par. 3). Dans ces domaines, il a la possibilité d'amender ou de rejeter les projets de loi adoptés par la chambre basse, qui peut toutefois contourner ces amendements ou veto par un nouveau vote à la majorité simple[4] (art. 75, par. 1 lettre c).

Les compétences du Sénat espagnol en matière de législation ordinaire sont grandement similaires à celles du Conseil

---

[1] Obtient la majorité simple une proposition – ou un candidat – qui recueille plus de voix que n'importe quelle autre proposition – ou concurrent. La majorité absolue, elle, est égale au nombre entier immédiatement supérieur à la moitié des suffrages exprimés ou, selon les cas, au nombre entier immédiatement supérieur à la moitié du nombre de membres que compte l'assemblée qui procède au vote.

[2] LUCARELLI, p. 119.

[3] NOLTING, p. 154.

[4] Cour constitutionnelle d'Afrique du Sud, CCT/ 37/96, paragraphe 64.

national des provinces d'Afrique du Sud. Le Sénat espagnol peut opposer son veto à un projet de loi, ou amender ce dernier ; le Congrès des députés – soit la chambre basse – dispose ensuite de la faculté de surmonter le veto ou de rejeter les amendements du Sénat par un vote à la majorité absolue, ou, après l'expiration d'un délai de deux mois, à la majorité simple[1] (art. 90, par. 2, de la Constitution espagnole). Le rôle du Sénat est néanmoins de première importance : la chambre haute espagnole agit comme « chambre de deuxième lecture » et se charge du travail de détail lors de l'élaboration des lois. Cela explique que les sénateurs espagnols aient apporté des amendements à pas moins de 50% des projets de loi transmis par le Congrès des députés entre 1979 et 1996[2].

Les compétences de lege ferenda du Sénat libanais en matière de législation ordinaire

Toute révision du système politique libanais doit viser à éviter une réédition des épisodes de paralysie des institutions vécus par la République libanaise au cours des quinze dernières années. Dans cette optique, il serait pertinent de limiter les compétences sénatoriales en matière de législation ordinaire à un pouvoir de révision et de suggestion et d'octroyer à la Chambre des députés les moyens de conduire des réformes législatives sans se heurter à des veto permanents. En ce sens, les propositions qui vont suivre s'éloignent du bicamérisme parfait du Parlement italien et sont inspirées des modèles espagnol et sud-africain, ainsi que du projet de loi constitutionnelle italienne de 2016.

---

[1] CORDES/KLEINER-LIEBAU, p. 196 ; FLORES JUBERÍAS, pp. 285-286.

[2] CORDES/KLEINER-LIEBAU, pp. 198-199.

La Chambre des députés libanaise serait investie du rôle de légiférer sur la base des projets de loi déposés par le Gouvernement ou par un certain nombre de députés[1] et serait exclusivement compétente pour l'adoption, la modification et l'abrogation des lois. Le Sénat disposerait quant à lui d'un « délai d'appel » pour se saisir des projets de loi étudiés par la Chambre des députés, en vue d'en débattre à son tour[2].

Afin de ne pas susciter trop d'entraves au travail de la Chambre des députés, cette compétence du Sénat pourrait être encadrée par trois limites : premièrement, la faculté de saisine du Sénat devrait être soumise à la condition du dépôt d'une requête par un nombre relativement élevé de sénateurs – par exemple, un quart des membres qui composent le Sénat. Nous faisons délibérément le choix de proposer le principe d'une saisine sur requête d'un certain nombre de sénateurs plutôt qu'à travers un vote du Sénat. En effet, s'il fallait que le Sénat vote sur le principe de la saisine, un parti politique qui détiendrait la majorité dans chacune des deux chambres du Parlement pourrait bloquer l'examen, réclamé par l'opposition, d'un projet de loi par la chambre haute. Deuxièmement, cette requête, pour être valable, devrait intervenir dans un certain délai – par exemple, dix jours à compter du début de l'examen du projet de loi par les commissions de la Chambre des députés. Troisièmement, la

[1] Les projets de loi peuvent actuellement être déposés par un seul député (*cf.* art. 101 du Règlement intérieur du Parlement libanais). Afin de garantir la qualité des projets de loi, d'éviter qu'ils ne soient déposés en quantités innombrables et de leur donner une certaine légitimité préalable, nous préconisons qu'ils ne puissent être déposés que par un certain nombre de députés ou par un bloc parlementaire.

[2] Durant son unique année d'existence (1926-1927), le Sénat libanais détenait une compétence similaire (art. 19 de la Constitution libanaise, en sa formulation de 1926) ; voir aussi RABBATH, p. 159.

compétence du Sénat en matière d'examen d'un projet de loi dont il se serait préalablement saisi expirerait au moment de l'adoption définitive de la loi en cause par la Chambre des députés en séance plénière.

Une fois saisi d'un projet de loi étudié par la Chambre des députés, le Sénat aurait la possibilité d'y apporter des amendements ou de le rejeter :

- Si le Sénat venait à amender le projet de loi, la Chambre des députés pourrait approuver les amendements proposés par le Sénat, comme elle pourrait les rendre caducs ;
- En cas de rejet d'un projet de loi par les sénateurs, la Chambre des députés pourrait suivre l'avis de la chambre haute et ne pas adopter ledit projet, ou, au contraire, surmonter le veto sénatorial et persévérer dans la voie qu'elle avait initialement choisie.

La majorité requise pour que la Chambre des députés puisse surmonter la décision du Sénat devra être définie en fonction de l'étendue des pouvoirs qui seront accordés au Sénat. Les constituants devront effectuer une soigneuse pesée des intérêts afin d'éviter l'apparition de trop nombreux blocages parlementaires et trancher en fonction des équilibres globaux au sein des institutions à naître.

Nous suggérons ici de diviser les propositions faites par le Sénat à la Chambre des députés en deux groupes, qui se différencieraient par la majorité requise pour qu'un vote contraire de la Chambre des députés soit admis.

D'une part, les amendements transmis par le Sénat pourront être rejetés par la Chambre des députés à la majorité absolue des membres qui composent légalement la Chambre – soit 65 députés. Ainsi, si cette majorité n'était pas atteinte, l'amendement transmis par le Sénat serait avalisé ; inversement, si une majorité des députés qui composent la Chambre s'opposaient à l'amendement, ce dernier serait rejeté.

D'autre part, la recommandation de rejet du projet de loi par le Sénat pourrait être contrecarrée par la Chambre des députés à la majorité absolue des suffrages exprimés. Si une telle majorité n'était pas atteinte, le projet de loi serait définitivement rejeté[1].

Le pouvoir ainsi octroyé au Sénat de renvoyer un projet de loi devant la Chambre des députés pour une « seconde réflexion » ou pour davantage de délibérations ne serait en tout état de cause pas inconnu des institutions libanaises, puisqu'il serait comparable à celui que détient actuellement le président de la République en vertu de l'article 57 de la Constitution libanaise :

> Constitution libanaise, article 57 :
>
> « Dans le délai fixé pour la promulgation [d'une loi], le président de la République peut [...] demander une seule fois une nouvelle délibération sur la loi, qui ne peut lui être refusée. Quand le président use de ce droit, il n'est tenu de promulguer une loi que si cette loi a été votée à la Chambre en seconde délibération, par la majorité absolue des membres composant légalement cette assemblée ».

Enfin, les sénateurs pourraient être dotés de l'initiative législative. Les projets de loi déposés par les sénateurs, s'ils venaient à être approuvés par le Sénat, pourraient avoir va-

---

[1] La majorité requise pour que la Chambre des députés surmonte la proposition de rejet du projet de loi formulée par le Sénat doit impérativement être inférieure à celle nécessaire au rejet d'un amendement, faute de quoi les sénateurs assortiraient systématiquement les amendements transmis à la Chambre des députés d'une proposition de rejet du projet de loi.

leur de suggestions à l'adresse de la Chambre des députés, qui aurait alors la faculté d'entrer en matière ou de les rejeter.

Le projet de constitution rédigé en 1976 par Antoine Fattal prévoyait de plus d'interdire au Parlement de déléguer l'exercice de la fonction législative au Gouvernement (art. 68, par. 1), sauf en ce qui concerne les cas d'urgence. Cette disposition vise à « mettre un terme à la scandaleuse démission du Parlement lorsqu'il autorise le Gouvernement à légiférer par décrets-lois[1] », procédure à laquelle il était régulièrement fait recours au cours des années 1950 et 1960. Une telle proposition vise à renforcer à la fois le rôle institutionnel du Parlement et l'autorité des lois, qui ne peuvent dès lors être adoptées que par les parlementaires élus. Il ne peut donc qu'être recommandé de l'inclure dans la future Constitution libanaise.

---

[1] FATTAL, pp. 99-100.

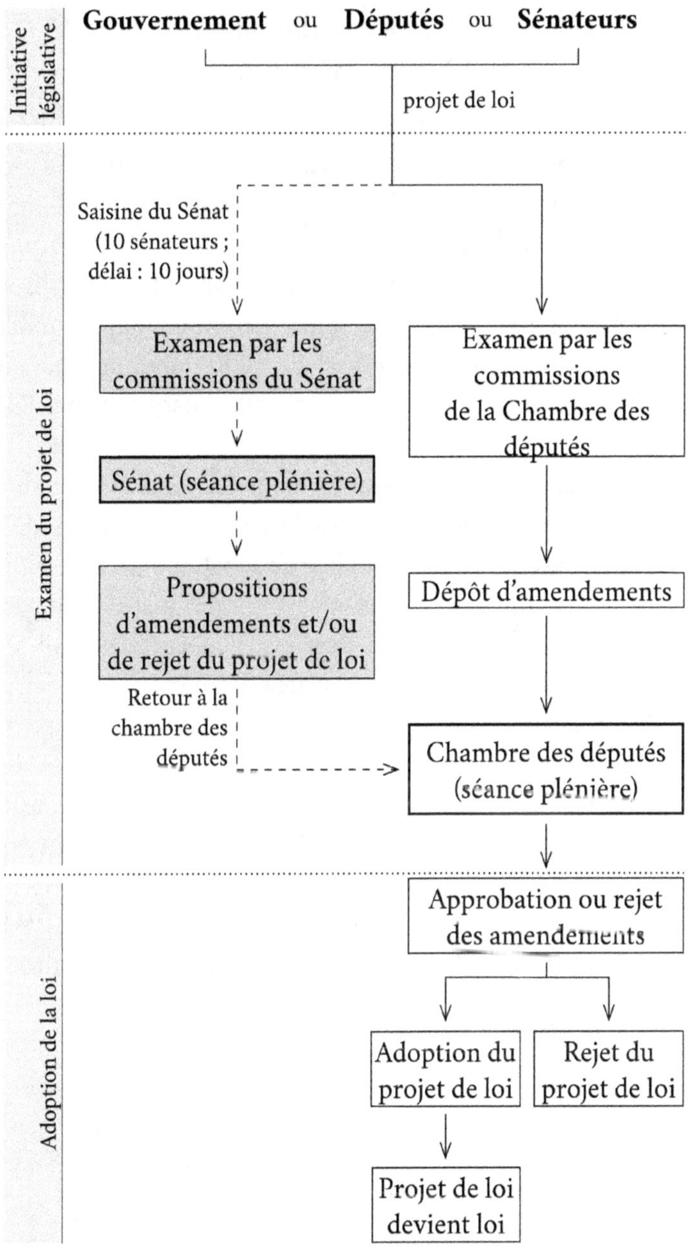

Schéma n° 2 – Procédure législative : adoption des lois ordinaires de lege ferenda.

La saisine du Conseil constitutionnel en contrôle de constitutionnalité des lois

De lege lata, les députés libanais disposent de la faculté de saisir le Conseil constitutionnel d'un recours en invalidation pour inconstitutionnalité des lois adoptées par la Chambre des députés, pour autant qu'ils soient dix à en faire la requête (art. 19 de la Constitution libanaise). Pour ce faire, ils disposent d'un délai de vingt-cinq jours à compter de la publication de la loi au *Journal officiel* de la République libanaise (art. 19, par. 3, de la loi sur le Conseil constitutionnel libanais).

Les Sénateurs pourraient se voir conférer un tel droit afin de renforcer leurs moyens de contrôle des actes de la Chambre des députés. Le nombre de sénateurs dont la signature serait requise afin que la saisine aboutisse ne devrait néanmoins pas se situer en-dessous d'un certain seuil afin d'éviter une multiplication injustifiée des recours.

Ce droit de saisine permettrait aux sénateurs de porter l'examen d'une loi devant une autorité judiciaire et leur conférerait ainsi un rôle allant au-delà du domaine politique. Le droit de saisine du Conseil constitutionnel par les sénateurs et députés a été introduit en France en 1974 ; il a été décrit comme étant « le premier [des droits] de l'opposition[1] » du fait qu'il a formalisé le statut de la minorité parlementaire :

> « En accordant à une minorité de parlementaires le droit de mettre en cause la loi votée par le parlement, la révision de 1974 a donné naissance à un statut de l'opposition. Abandonné dans l'hémicycle aux seuls rapports de force politiques, le contrôle du gouvernement et de sa majorité se double, avec l'ouverture du droit de saisine du Conseil constitu-

[1] CARCASSONNE, p. 77.

tionnel, d'une dimension juridique qui échappe à la logique majoritaire[1]. »

En d'autres termes, le droit de saisine du Conseil constitutionnel par un parti politique minoritaire permet à l'opposition de « cesser d'avoir juridiquement tort parce qu'elle est politiquement minoritaire[2] ». La démocratie est en effet avant tout un processus décisionnel et non pas un moyen d'imposer la vérité politique, ou de déterminer une vérité politique unique. Les élections ne consistent donc pas en une recherche de la vérité, car si c'était le cas, il ne pourrait exister d'opposition loyale et légitime[3] et les perdants qui ne renieraient pas leurs opinions seraient des traîtres ou des escrocs.

Les compétences législatives dites « d'importance fondamentale »

Comme mentionné précédemment, les compétences des chambres hautes de certains parlements bicaméraux sont modulées en fonction du domaine législatif en cause. Pour ce faire, le constituant détermine généralement certains domaines dans lesquels la primauté est attribuée à la chambre haute. Il s'agit à présent de procéder à une comparaison des compétences touchant à des domaines particuliers dont sont investies certaines chambres hautes et d'en déduire les compétences qui devraient revenir au Sénat libanais *de lege ferenda*.

---

[1] BENETTI.

[2] *Ibidem*.

[3] MÜLLER, pp. 127-128.

De la possibilité d'établir des compétences « thématiques »

En Afrique du Sud, les compétences législatives du Conseil national des provinces sont différenciées selon que l'affaire traitée concerne uniquement l'État central ou qu'elle affecte les provinces. À titre d'exemple, toute ingérence de l'État dans les affaires des provinces doit être approuvée par ledit Conseil (art. 100, par. 2, de la Constitution sud-africaine), qui dispose en outre de compétences quasiment égales à celles de la chambre basse pour l'adoption des lois affectant les provinces (art. 76).

De la même manière, le projet de loi constitutionnelle italienne de 2016 prévoyait que le Sénat italien serait investi des mêmes compétences que la Chambre des députés pour l'adoption des lois touchant notamment aux organes de gouvernement des communes, à leur statut et mode d'élection, à la protection des minorités linguistiques et à la participation de l'Italie à l'élaboration et à la mise en œuvre des normes et politiques de l'Union européenne (art. 10, par. 1, du projet de loi constitutionnelle italienne de 2016). Cette liste des domaines de compétences « renforcées » du Sénat italien était supposée refléter le rôle de représentation des régions qui devait incomber aux sénateurs.

En ce qui concerne les compétences législatives « d'importance fondamentale » du Sénat libanais, il nous semble peu propice d'opérer une telle distinction thématique entre les affaires dites « communautaires » et celles « non communautaires », et ce, pour deux raisons.

Premièrement, même si les affaires dites « communautaires » sont énumérées de manière exhaustive (à la manière des art. 73 et 74 de la Loi fondamentale allemande, qui délimitent les domaines de compétences de l'État fédéral de ceux des *Länder*), il n'est pas impossible qu'une telle distinction mène à des conflits entre les deux chambres en raison de divergences dans l'interprétation de l'étendue des compétences réciproques.

Deuxièmement, et malgré le confessionnalisme politique, le Liban n'est pas une fédération de communautés confessionnelles et n'a guère besoin d'être doté d'une instance de communication entre les entités et l'État central, rôle qui échoit, par exemple, au Conseil national des provinces d'Afrique du Sud[1]. De même, les communautés confessionnelles libanaises ne sont pas des entités dotées d'institutions politiques autonomes, ce qui interdit qu'elles se prononcent en priorité sur certains sujets, comme le font les *Länder* allemands et les provinces d'Afrique du Sud[2].

À défaut d'octroyer au Sénat une compétence renforcée dans les domaines se rapportant aux communautés, nous suggérons donc de définir certains domaines d'une importance particulière, dans lesquels la chambre haute du futur Parlement libanais bicaméral serait dotée de compétences équivalentes voire supérieures à celles de la chambre basse.

L'article 65 de la Constitution libanaise et les compétences de lege ferenda du Sénat libanais en matière législative « d'importance fondamentale »

L'article 22 de la Constitution libanaise dispose que les compétences (*ṣalāḥiyyāt*) du Sénat doivent être circonscrites aux « questions nationales d'intérêt majeur » (*al-qaḍāya al-maṣīriyyah*). Si elle ne définit pas ces dernières, la Constitution libanaise énumère en revanche, au cinquième paragraphe son article 65, les « questions fondamentales » (*al-mawāḍī' al-'asāsiyyah*) au sujet desquelles une décision du

[1] NOLTING, p. 152.

[2] *Ibidem*, p. 152.

Gouvernement requiert l'approbation des deux tiers des ministres :

> « [...] Les questions suivantes sont considérées comme fondamentales : la révision de la Constitution, la proclamation de l'état d'urgence et sa levée, la guerre et la paix, la mobilisation générale, les accords et traités internationaux, le budget général de l'État, les programmes de développement globaux et à long terme, la nomination des fonctionnaires de la première catégorie ou équivalent, la révision des circonscriptions administratives, la dissolution de la Chambre des députés, la loi électorale, la loi sur la nationalité, les lois concernant le statut personnel et la révocation des ministres. »

Il nous semble adéquat de nous inspirer de cette énumération pour définir les domaines dans lesquels le Sénat libanais serait exclusivement compétent, de même que ceux dans lesquels il partagerait avec la Chambre des députés une compétence conjointe, cumulée ou alternative. Une compétence conjointe des deux chambres signifierait qu'elles se réuniraient pour voter ensemble. S'il s'agit, en revanche, de prérogatives cumulées, chaque chambre se prononcerait séparément sur l'objet mis au vote, qui ne serait approuvé qu'à la condition qu'il reçoive l'assentiment de la Chambre des députés et du Sénat. Enfin, on parlerait de compétence alternative quand chacune des deux chambres peut agir indépendamment de l'autre dans le domaine en cause[1].

[1] Voir à cet égard le tableau en p. 191.

Premièrement, le Sénat et la Chambre des députés seraient conjointement compétents pour élire le président de la République.

Deuxièmement, les deux chambres partageraient la compétence cumulée en ce qui concerne :

- L'octroi au Gouvernement de l'autorisation de ratifier les traités internationaux ;
- La proclamation de l'état d'urgence et sa levée, la déclaration de guerre ou la mobilisation générale et la conclusion d'accords de paix ;
- La révision de la loi électorale, et notamment des principes de délimitation des circonscriptions électorales.

Troisièmement, les deux chambres disposeraient de compétences alternatives dans les domaines qui touchent à la surveillance de l'exécutif : tant les députés que les sénateurs pourraient ainsi interroger le Gouvernement sur sa politique ou instituer des commissions d'enquête. En revanche, seule la Chambre des députés sera compétente pour octroyer la confiance au Gouvernement ou pour la lui retirer. Nous aborderons ces questions plus en détail dans la suite du présent chapitre.

Quatrièmement, les compétences suivantes seraient exclusivement détenues par le Sénat :

- L'allocation de crédits exceptionnels au Gouvernement ;
- La révision des circonscriptions administratives ;
- La révision de la loi sur la nationalité.

Enfin, les domaines de compétence suivants appellent quelques commentaires détaillés :

Les fonctionnaires de première catégorie – et notamment

les magistrats[1], les directeurs généraux des ministères et administrations publiques, les diplomates et les militaires – seraient toujours nommés par le Gouvernement, le Sénat détenant à cet égard un droit de regard, voire de veto.

En revanche, il conviendrait de ne pas octroyer de compétence au Sénat en ce qui concerne l'adoption du budget et des « programmes de développement globaux et à long terme », bien que ceux-ci figurent dans l'énumération de l'article 65, paragraphe 5, de la Constitution libanaise.

L'élaboration du budget ne peut en effet qu'être de la compétence du Gouvernement. L'approbation de la loi des finances doit, quant à elle, être du ressort de la Chambre des députés, car c'est de cette dernière qu'est issu le Gouvernement et devant elle que le Premier ministre et l'ensemble de l'équipe gouvernementale doivent défendre leur politique. La chambre basse doit donc être investie du rôle d'accorder au Gouvernement – et à l'État tout entier – les moyens de sa politique. Dédoubler la compétence budgétaire en accordant aux sénateurs un droit de regard sur la loi financière ne ferait que reproduire les déboires financiers que connaît l'État libanais depuis 2005[2]. Le Sénat pourrait en revanche avoir la compétence de se prononcer sur l'octroi de crédits extraordinaires et se voir attribuer un droit de recours en justice contre les lois budgétaires adoptées par la Chambre des députés, ce qui concrétiserait son rôle de contrôle des actes des autres organes de l'État.

---

[1] Cette compétence du Sénat permettrait de renforcer l'indépendance du pouvoir judiciaire (prévue à l'art. 20 de la Constitution) et de soustraire ce dernier au contrôle exclusif du Gouvernement.

[2] Entre 2005 et 2017, puis entre 2021 et 2024, le Parlement libanais a été incapable d'adopter de budget et l'État a fonctionné sur la base du « douzième provisoire ».

Enfin, la notion de « programmes de développement globaux et à long terme » est une notion juridique indéterminée, qui, si elle venait à être interprétée de manière large, pourrait conduire à un large transfert de compétences au bénéfice du Sénat. Dès lors, il est nécessaire que l'adoption de tels « programmes » demeure l'apanage de la Chambre des députés. Il s'agit, par exemple, d'éviter que le Sénat ne s'arroge un droit de regard accru dans l'élaboration de n'importe quel plan de réforme sous prétexte qu'il s'agit d'un « programme de développement global ».

De la révision de la Constitution

Le propre d'une constitution est d'être une loi d'un niveau supérieur à celui des lois ordinaires, c'est-à-dire une loi fixant le cadre juridique dans lequel doit se dérouler le jeu politique. La révision de ce corps de « normes fondamentales » est donc souvent soumise à des exigences qualifiées afin d'éviter que quiconque qui détient le pouvoir puisse modifier l'architecture institutionnelle à son bénéfice. Ces obstacles à l'amendement des constitutions prennent souvent la forme de majorités qualifiées ou de procédures qui diffèrent des procédures législatives ordinaires. Les constitutions peuvent néanmoins être classées en « constitutions rigides », dont la modification est particulièrement difficile et ne survient qu'en de rares occasions, et en « constitutions souples », qui peuvent être plus aisément amendées.

Pour reprendre notre analyse comparée, nous relevons que les révisions de la Constitution espagnole doivent être adoptées par chacune des deux chambres des *Cortes Generales* à la majorité des trois cinquièmes (art. 167, par. 1, de la Constitution espagnole), ou, alternativement, par un vote du Congrès des députés à la majorité des deux tiers et du Sénat à la majorité absolue (art. 167, par. 2). Néanmoins, les amendements constitutionnels qui affectent les dispositions garantissant les droits fondamentaux ou qui touchent à la Couronne doivent être approuvés deux fois par chacune des deux chambres à la majorité des deux tiers (art. 168, par. 1 et 2, de la Constitution espagnole) – une dissolution du Parlement et des élections anticipées séparant les deux votes – avant d'être soumis au référendum[1] (art. 168, par. 3).

En Italie, tout amendement de la Constitution nécessite – tout comme les lois ordinaires – un vote à la majorité absolue des membres qui composent chacune des deux chambres, ce vote devant toutefois être précédé de deux délibérations parlementaires séparées par un intervalle de trois mois[2] (art. 138, par. 1, de la Constitution italienne). La révision constitutionnelle peut être soumise au référendum sur requête d'un certain nombre de parlementaires (art. 138, par. 2), à moins qu'elle n'ait été approuvée par les deux tiers des membres qui composent chacune des chambres parlementaires (art. 138, par. 3). Le projet de loi constitutionnelle italienne de 2016 prévoyait que la modification de la Constitution fasse partie des domaines dans lesquels les compétences des deux chambres du Parlement devaient demeurer identiques (art. 10, par. 1, du projet de loi constitutionnelle italienne de 2016).

Enfin, seules les révisions de l'article premier de la Constitution sud-africaine ou du *Bill of Rights* (art. 74, par. 1 et 2, de la Constitution sud-africaine) nécessitent l'approbation des deux chambres du Parlement. Les autres dispositions constitutionnelles peuvent être modifiées par la seule chambre basse à la majorité des deux tiers de ses membres (art. 74, par. 3 lettre a) ou, si elles touchent aux provinces,

---

[1] Flores Juberías, p. 283.

[2] Riescher/Ruß/Haas, p. 281.

par le seul Conseil national des provinces (art. 74, par. 3 lettre b).

De lege lata, les délibérations sur la révision de la Constitution libanaise et le vote à ce sujet sont soumis à une exigence de quorum des deux tiers des membres qui composent le Parlement[1] ; le projet de révision doit ensuite être approuvée par un vote à la même majorité (art. 79, par. 1, de la Constitution libanaise). Étant donné qu'un vote à la majorité des deux tiers des membres qui composent le Parlement implique que deux tiers des députés soient présents, l'exigence du quorum n'est pertinente qu'en ce qui concerne les délibérations. Ainsi, elle n'apporte à l'ordre constitutionnel aucune protection appréciable. En outre, la comparaison entreprise au cours des paragraphes précédents démontre qu'il n'est pas d'usage de prévoir une telle exigence pour les révisions constitutionnelles : pas plus que les Constitutions italienne, espagnole ou sud-africaine, les Constitutions bosnienne (art. X, par. 1), française (art. 89, par. 2 et 3), allemande (art. 79, par. 2) et néerlandaise (art. 137) ne prévoient de quorum de présence. Cette condition pourrait donc être abandonnée sans affaiblir la Constitution.

Hormis les amendements constitutionnels entrepris sous le mandat français (avant 1943) et ceux mineurs ou ponctuels visant notamment à proroger les mandats présidentiels, la Constitution libanaise n'a été substantiellement modifiée qu'à deux reprises, en 1943 et 1990[2] ; par ailleurs, il n'était pas dans l'esprit des institutions libanaises de prévoir un texte constitutionnel dont la révision serait aisée[3]. À notre

---

[1] Soit quatre-vingt-six députés.

[2] EL-LAHHAM, Précis de droit constitutionnel, pp. 43 et ss. ; KOCH, paragraphe 5.

[3] EL-LAHHAM, Précis de droit constitutionnel, pp. 19-20.

sens, il serait pertinent que les constituants arrêtent leur choix sur une constitution dite « rigide » – soit une constitution dont la révision est soumise à des exigences qualifiées. En effet, le choix d'une constitution dite « souple » reviendrait, dans un pays animé de tensions permanentes et ouvert à l'influence de puissances étrangères, à soumettre l'ordre constitutionnel aux rapports de force qui prévalent en politique interne et aux aléas de la géopolitique proche-orientale.

De lege ferenda, la révision de la Constitution libanaise pourrait être soumise à l'assentiment des membres de chacune des deux chambres, exprimé par un vote à la majorité des trois cinquièmes au moins. Des mécanismes permettant à la Chambre des députés d'adopter la révision à une majorité des deux tiers en cas de « simple » assentiment des sénateurs à la majorité absolue pourraient également être prévus. Ces votes pourraient être précédés de délibérations du Parlement réuni.

Les relations entre le pouvoir législatif et le pouvoir exécutif

De la formation, de la surveillance et du renversement du gouvernement

Dans les systèmes parlementaires, le gouvernement est issu de la majorité à la chambre basse. Toute critique du gouvernement par la majorité parlementaire risque dès lors d'être perçue comme une réserve dans le soutien politique que cette dernière lui accorde, et les parlementaires du parti au pouvoir renoncent donc souvent à critiquer l'action gouvernementale. Par conséquent, la fonction de soutien politique du gouvernement par les députés tend à l'emporter sur la fonction critique qu'ils sont supposés exercer[1].

En revanche, la chambre haute est plus libre d'exprimer un point de vue critique sur l'action de l'exécutif, car elle est moins soumise aux impératifs de la discipline partisane et elle dotée « d'une expérience et d'un pragmatisme[2] » qui font souvent défaut à la chambre basse, où la représentation est strictement politique[3]. Il est donc fréquent que la chambre haute dispose de compétences spécifiques lui permettant d'exercer son rôle de contrôle des autres institutions, voire que les ministres et certains hauts-fonctionnaires de l'État répondent de leurs actes devant elle[4]. Octroyer aux sénateurs de tels pouvoirs permettrait ainsi de renforcer la surveillance du pouvoir exécutif par le pouvoir législatif.

Les pouvoirs des chambres hautes varient néanmoins fortement d'un pays à l'autre. Certaines disposent en effet du pouvoir de renverser le gouvernement, tandis que d'autres se voient confiner à un rôle consistant à interroger les ministres sur la politique du gouvernement.

Chacune des deux chambres des *Cortes Generales* espagnoles peut interpeller le Gouvernement espagnol ou l'un de ses membres (art. 111 de la Constitution espagnole), leur imposer de fournir des informations (art. 109) ou exiger leur présence au cours des sessions parlementaires (art. 110), de même que former des commissions d'enquête (art. 76). Si le Sénat espagnol détient le pouvoir de surveiller l'exécutif et de débattre de la politique gouvernementale[5], il est en re-

---

[1] Sénat français, « Formes et fonctions du bicamérisme dans le monde ».

[2] DURAND, p. 288.

[3] Sénat français, « Formes et fonctions du bicamérisme dans le monde ».

[4] RIESCHER/RUß/HAAS, p. 10.

[5] FLORES JUBERÍAS, p. 286.

vanche impuissant en ce qui concerne la formation et la chute du Gouvernement. Ce dernier n'est ainsi responsable que devant le Congrès des députés (art. 108), qui est seul compétent pour lui octroyer (art. 99) ou lui retirer sa confiance (art. 112 à 114).

La Constitution espagnole exige d'une motion de censure du Congrès qu'elle soit « constructive[1] », c'est-à-dire qu'elle contienne la proposition d'un candidat pour le poste de Premier ministre (art. 113, par. 2). Il ne suffit donc pas que certains partis politiques minoritaires s'entendent pour renverser le Gouvernement, encore faut-il qu'ils s'accordent sur le nom du futur chef de Gouvernement. La motion de censure constructive garantit donc une certaine stabilité gouvernementale en empêchant le renversement d'un gouvernement en l'absence d'une majorité viable en faveur d'un successeur[2]. La Constitution espagnole va jusqu'à prévoir un délai de cinq jours entre le dépôt de la motion de censure et le vote de cette dernière par le Congrès des députés, délai durant lequel des motions de censures alternatives – proposant, à titre d'exemple, d'autres candidats pour le poste de chef de Gouvernement – peuvent être déposées (art. 114, par. 3, de la Constitution espagnole).

Le système politique sud-africain a ceci de particulier qu'il ne prévoit pas de poste de Premier ministre, le chef de l'État étant en même temps à la tête du Gouvernement. Il est

---

[1] Ce système est également prévu par la Loi fondamentale (Constitution) allemande (art. 67, par. 1).

[2] RIESCHER/RUß/HAAS, p. 552. La Constitution espagnole facilite également la formation du Gouvernement, en prévoyant, à certaines conditions, la possibilité pour un candidat au poste de premier ministre de recevoir la confiance du Congrès des députés par un vote à la majorité simple (art. 99, par. 3).

élu par la chambre basse (art. 86, par. 1, de la Constitution sud-africaine) et n'est responsable que devant celle-ci (art. 89 et 102, par. 2). Le Conseil national des provinces peut convoquer un ministre (art. 66, par. 2) et le Gouvernement est formellement responsable devant le Parlement dans son entier (art. 92, par. 2), mais seule la chambre basse peut lui retirer sa confiance[1] (art. 102, par. 1).

Les sénateurs italiens peuvent, quant à eux, adresser des questions (art. 145 et suivants du Règlement du Sénat italien) et des motions (art. 154 et suivants) aux ministres et exiger des enquêtes parlementaires (art. 162). La compétence la plus importante du Sénat italien en lien avec le pouvoir exécutif découle du système italien de bicamérisme parfait : le Gouvernement est responsable devant les deux chambres et doit jouir de la confiance de chacune d'elles (art. 94, par. 1 et 2, de la Constitution italienne). Le Sénat et la Chambre des députés peuvent initier un vote de défiance indépendamment l'un de l'autre[2] (art. 161 du règlement du Sénat italien ; art. 115, par. 1, du règlement de la Chambre des députés italienne) et l'aboutissement d'un vote de défiance dans l'une des deux chambres provoque donc la chute du Gouvernement. De surcroît, le principe de la « motion de censure constructive », qui avait été proposé lors des débats de l'Assemblée constituante italienne de 1946, n'a pas été retenu par cette dernière[3]. L'instabilité gouvernementale qui en résulte explique le fait que le projet de loi constitutionnelle italienne de 2016, refusé en référendum, faisait de la Chambre des députés la seule titulaire du rapport de con-

---

[1] NOLTING, p. 155.

[2] LODICI, pp. 247-248; HORNIG, p. 283.

[3] AMATO, p. 226.

fiance avec le Gouvernement[1] (article premier du projet de loi constitutionnelle italienne de 2016).

Le Liban partageant avec l'Italie les caractéristiques de l'instabilité politique et de la toute-puissance des partis, il serait pertinent de ne rendre le Gouvernement responsable que devant la Chambre des députés. En outre, comme le Sénat compterait moins d'élus que la Chambre des députés, l'influence de chaque sénateur lors d'un vote sur la confiance au Gouvernement serait trop importante si le Sénat était doté de la faculté de renverser le Gouvernement[2]. Partant, le débat sur la politique gouvernementale devrait avoir lieu devant la Chambre des députés, de même que la question de confiance du Gouvernement et la motion de censure[3].

Pour ces mêmes raisons, il nous semble approprié d'adopter le mécanisme de la « motion de censure constructive » en vue de diminuer le risque de l'instabilité gouvernementale. En conséquence, le Gouvernement libanais ne pourrait être renversé qu'à la condition que les députés qui se coalisent pour lui retirer leur confiance proposent simultanément le nom d'un candidat au poste de Premier ministre. Une fois une motion de censure déposée, les députés pourraient de même disposer d'un court délai pour déposer des motions alternatives. À l'échéance du délai, les motions seraient soumises au vote, menant au renouvellement de la

---

[1] LUCARELLI, p. 115.

[2] *Cf.* RIESCHER/RUß/HAAS, p. 269.

[3] Il est évident que le fait de conférer à une chambre pleinement déconfessionnalisée la faculté d'accorder la confiance au Gouvernement ou de provoquer la chute de ce dernier ne pourra aboutir qu'une fois que le Liban se sera doté d'une loi sur les partis politiques et qu'une fois que les partis auront été dissociés des communautés confessionnelles (*cf.* chapitre III).

confiance au Gouvernement ou au renversement de ce dernier et à la désignation d'un nouveau Premier ministre.

Le droit de proposer une motion de censure pourrait toutefois être également accordé aux sénateurs : si le Sénat venait à adopter une telle motion, elle passerait alors devant la Chambre des députés, qui pourrait y adhérer et renverser le Gouvernement, ou la refuser et maintenir sa confiance à ce dernier. Le Sénat n'aurait donc pas la faculté de provoquer la chute du Gouvernement sans le concours de la Chambre des députés.

Les autres compétences touchant à la surveillance du pouvoir exécutif qui reviendraient au futur Sénat libanais seraient les suivantes :

- Les questions au Gouvernement ;
- La création de commissions d'enquête ;
- La levée de l'immunité dont bénéficient le président de la République (art. 60, par. 1 et 2, de la Constitution libanaise), le Premier ministre, les ministres (art. 70) et les fonctionnaires de première catégorie, sur requête des autorités judiciaires compétentes[1] ;
- La levée de l'immunité dont bénéficient les députés durant les sessions parlementaires (art. 40 de la Constitution libanaise), sur requête des autorités judiciaires compétentes[2].

---

[1] Ce qui implique la suppression de la Haute Cour pour la poursuite des présidents et ministres (*al-majlis al-'a'la li muḫākamat al-ru'asā' wal-wuzarā'*, art. 80 de la Constitution libanaise).

[2] La situation qui prévaut actuellement, où les députés décident eux-mêmes de la levée de leur immunité (art. 40 de la Constitution libanaise), conduit à notre sens à un flagrant conflit d'intérêts.

De la dissolution des chambres parlementaires par le pouvoir exécutif

Le thème des relations entre le pouvoir législatif et le pouvoir exécutif nous amène inévitablement sur le terrain du pouvoir de dissolution du parlement par le gouvernement et nous pousse à aborder, quoique de manière limitée, la question des pouvoirs des organes exécutifs et des rapports entre eux.

La dissolution du parlement permet au gouvernement de faire appel au corps électoral de manière anticipée – soit avant le terme du mandat législatif – afin de régler une grave crise politique ou un conflit entre le gouvernement et la chambre. Elle est le contrepoids de la responsabilité du gouvernement et des ministres devant la chambre en question ; la doctrine française parle ainsi de « moyens d'action réciproques » entre le gouvernement et le parlement. Tant la responsabilité gouvernementale devant le parlement que la possibilité de dissolution du parlement par le gouvernement ont donc pour fonction d'inciter ces deux organes à coopérer. Les gouvernements emploient également l'instrument de la dissolution en cas de situation de blocage parlementaire durable, où aucune majorité apte à former un gouvernement ne se dégage des chambres parlementaires.

Dans les régimes parlementaires, la dissolution est généralement l'apanage du chef de l'État. Si ce dernier n'endosse qu'un rôle purement protocolaire, ce qui est notamment le cas dans les monarchies parlementaires, ce pouvoir est simplement *exercé* par le chef de l'État *sur demande* du chef du gouvernement, lequel est le véritable dépositaire du pouvoir exécutif.

Certains systèmes parlementaires bicaméraux incluent la possibilité de dissoudre chacune des deux chambres qui composent le parlement, tandis que dans d'autres, seule l'une des deux chambres peut être dissoute.

C'est ainsi que les deux chambres qui composent le Parlement italien, les *Cortes Generales* espagnoles et les États généraux néerlandais peuvent être dissoutes par le pouvoir exécutif (art. 88, par. 1, de la Constitution italienne ; art. 62, lettre b, art. 68, par. 4, et art. 70, par. 6, de la Constitution espagnole ; art. 64, par. 1, de la Constitution néerlandaise). Le Conseil national des provinces d'Afrique du Sud et le *Bundesrat* allemand – soit les chambres hautes des parlements de ces deux pays – ne peuvent être dissouts en raison du fait qu'ils sont composés de délégations ministérielles des entités fédérées : ces deux chambres hautes connaissent donc un renouvellement partiel à chaque fois que des élections sont organisées dans l'une ou l'autre des entités fédérées. Par conséquent, seules les chambres basses des parlements sud-africain et allemand peuvent être sujettes à dissolution (art. 50 de la Constitution sud-africaine ; art. 68 de la Loi fondamentale allemande). Inversement, en Bosnie-Herzégovine, la chambre haute – la Chambre des peuples – est la seule dont le mandat peut s'achever de manière prématurée par suite de sa dissolution par le Gouvernement (art. IV, par. 3 lettre g, de la Constitution bosnienne).

Les systèmes parlementaires peuvent être classés selon l'étendue de la liberté qui est accordée au pouvoir exécutif de dissoudre l'une ou l'autre des chambres parlementaires. Nous présentons ici différents systèmes allant de ceux où l'exécutif dispose d'un pouvoir de dissolution discrétionnaire, à ceux où la dissolution est soumise à l'approbation des membres de la chambre à dissoudre :

La dissolution des chambres parlementaires qui composent les États-généraux néerlandais peut être prononcée sans restriction aucune, par voie de décret royal (art. 64, par. 1, de la Constitution néerlandaise), sur proposition du Gouvernement.

La compétence de dissoudre les chambres parlementaires italiennes revient au président de la République (art. 88, par. 1, de la Constitution italienne), qui ne peut l'exercer durant les six derniers mois de son propre mandat, sauf s'ils coïncident en totalité ou en partie avec les six derniers mois de la législature (art. 88, par. 2).

La dissolution des *Cortes Generales* espagnoles est prononcée par le roi (art. 62, lettre b, de la Constitution espagnole) sur proposition du président du Gouvernement (art. 115, par. 1). Toutefois, la dissolution ne pourra être prononcée si une motion de censure du Gouvernement est débattue par le Congrès des députés (art. 115, par. 2). Il doit de plus s'écouler au moins une année entre deux dissolutions des chambres parlementaires (art. 115, par. 3). La dissolution est néanmoins obligatoire pour l'amendement de certaines dispositions constitutionnelles (art. 168, par. 3) et surtout si, deux mois après le premier vote d'investiture d'un chef de Gouvernement faisant suite à des élections législatives, aucun candidat au poste de Premier ministre n'a pu obtenir de majorité parlementaire lui permettant de former un gouvernement (art. 99, par. 5). Le système politique espagnol dispose ainsi d'une soupape de sécurité qui permet de rebattre les cartes en cas d'absence de majorité claire.

En Allemagne en revanche, aucune disposition de la sorte n'est prévue pour permettre une « réinitialisation » du paysage parlementaire en cas d'absence de majorité gouvernementale – ce qui implique que les discussions en vue de former un Gouvernement peuvent durer plusieurs mois[1]. La

[1] Ceci fut notamment le cas entre 2017 et 2018, quand la formation du quatrième gouvernement d'Angela Merkel prit plus de six mois.

Loi fondamentale (Constitution) allemande accorde néanmoins à un chancelier mis en minorité après une motion de confiance la possibilité de demander au président fédéral de dissoudre le *Bundestag* (art. 68, par. 1). Cette disposition, couplée à la « motion de censure constructive », permet de retarder la chute des gouvernements et de prévenir la survenance d'une période d'instabilité parlementaire.

La dissolution de la chambre basse du Parlement sud-africain est prononcée par le président de la République mais est décidée par les parlementaires eux-mêmes. Elle ne peut toutefois survenir qu'à partir du terme de la troisième année qui suit les dernières élections parlementaires (art. 50, par. 1, de la Constitution sud-africaine), le mandat de la chambre basse étant de cinq ans (art. 49, par. 1). Il existe néanmoins un deuxième cas de figure où le mandat de la chambre basse sud-africaine prend fin de manière prématurée : l'article 50, paragraphe 2, de la Constitution sud-africaine dispose que si l'Assemblée nationale ne parvient pas à combler une éventuelle vacance de la présidence de la République dans un délai de trente jours, sa dissolution doit être prononcée par le président de la République par intérim (*cf.* art. 90, par. 1). Ce mécanisme vise à inciter les parlementaires à combler au plus vite la vacance à la tête de l'État et à éviter la situation, si fréquente au Liban, où les parlementaires sabotent l'élection du président de la République en empêchant la tenue de la séance électorale.

En Bosnie-Herzégovine, la dissolution de la Chambre des peuples peut être prononcée par la présidence de la République comme par les sénateurs eux-mêmes, auquel cas la double majorité est requise : la dissolution doit être acceptée par une majorité des membres de la Chambre *et* par une majorité des représentants d'au moins deux des trois peuples constituants de la Bosnie-Herzégovine (art. IV, par. 3 lettre g, de la Constitution bosnienne).

Enfin, des garde-fous supplémentaires ont été prévus par la Constitution espagnole et la Loi fondamentale allemande, qui interdisent toute dissolution tant qu'est en vigueur un état d'exception décrété par le pouvoir exécutif (art. 116, par. 5, de la Constitution espagnole ; art. 115h, par. 3, de la Loi fondamentale allemande). On comprendra qu'il s'agit là de mesures visant à restreindre la capacité du pouvoir exécutif de se délier de la surveillance parlementaire sous prétexte d'état d'urgence.

Depuis la révision de la Constitution libanaise survenue en 1990 par suite de l'adoption de l'accord de Taëf, la faculté de dissoudre le Parlement libanais appartient au Gouvernement, qui l'exerce sur demande du président de la République. Son exercice est cependant limité à trois cas dont la survenance est improbable : l'absence de réunion du Parlement durant une session ordinaire ou deux sessions extraordinaires, le rejet du budget dans son ensemble (art. 65, par. 4, de la Constitution libanaise) et la révision de la Constitution (art. 77, par. 5). Ces trois conditions alternatives rendent la dissolution quasiment impossible. Les « moyens d'action réciproques » entre le Parlement et le Gouvernement n'existent donc plus et la balance institutionnelle penche ici en faveur du Parlement[1].

L'importance que revêtent ces moyens d'action réciproques entre les pouvoirs législatif et exécutif dans tout système parlementaire est révélée par l'évolution récente des règles de la dissolution de la Chambre des communes du Royaume-Uni. La Chambre des communes a adopté en septembre 2011 une loi qui retirait au monarque la prérogative

---

[1] SALAM, p. 104 ; EL-LAHHAM, Précis de droit constitutionnel, pp. 65-66.

de dissoudre le Parlement en vue d'organiser des élections anticipées. Cette prérogative, en réalité exercée sur demande exclusive du Premier ministre, permettait auparavant de contrebalancer la responsabilité du Gouvernement devant la Chambre des communes. Dessaisi de ses compétences en matière de dissolution, le Premier ministre s'est alors retrouvé affaibli face au Parlement. En 2017, le gouvernement conservateur perdit sa majorité parlementaire et la première ministre Theresa May ne disposait d'aucun moyen d'infléchir la Chambre des communes à son avantage, ce qui prolongea l'impasse politique jusqu'en 2019. D'un commun accord, les deux grands partis britanniques – les conservateurs et les travaillistes – ont alors convenu d'abroger la loi de 2011. La prérogative royale de dissolution du Parlement sur demande du Premier ministre a donc été réinstaurée en mars 2022 et le Gouvernement britannique dispose à nouveau de la prérogative de convoquer des élections générales sans devoir pour cela requérir l'approbation des députés[1].

Nous nous proposons de rétablir cet équilibre afin de parfaire l'organisation des pouvoirs au sein de la République libanaise. En d'autres termes, la Chambre des députés ayant la faculté de renverser le Gouvernement, le pouvoir exécutif devrait, à son tour, jouir de la compétence de dissoudre la Chambre des députés, ou, au moins, d'initier sa dissolution.

Selon l'article 65, paragraphe 5, de la Constitution libanaise actuelle, le pouvoir de dissolution de la Chambre des députés fait partie des « questions fondamentales » qui requièrent l'approbation d'une majorité qualifiée des membres du Gouvernement. Il nous semble cependant contre-indiqué d'accorder cette compétence au Sénat, car elle constituerait un levier important dont pourraient faire usage les sénateurs

[1] SAUNIER.

en vue d'exercer des pressions politiques sur la Chambre des députés, ce qui renforcerait indûment la chambre haute au détriment de la chambre basse. *De lege ferenda*, la dissolution de la Chambre des députés devrait être l'apanage du pouvoir exécutif, et plus précisément du président de la République.

Le président de la République pourrait donc prononcer la dissolution de la chambre basse en cas de retard dans la formation du Gouvernement : garant des institutions, il prendrait acte de l'incapacité de dégager une majorité parlementaire permettant de désigner un Premier ministre et de former un Gouvernement. Il serait ainsi opportun de prévoir que le chef de l'État ne pourrait exercer cette prérogative qu'à partir d'une vacance gouvernementale d'une certaine durée – soit deux ou trois mois. Le président de la République disposerait alors d'un pouvoir d'appréciation et pourrait faire usage de cette compétence de manière discrétionnaire en fonction de l'évolution de la politique et des perspectives qui en découlent.

Il serait également utile de prévoir la dissolution *ex lege* de la chambre basse quand se prolonge le vide gouvernemental au-delà d'une certaine durée, qui pourrait être fixée à huit ou neuf mois. La Chambre des députés serait alors *automatiquement* dissoute si aucun candidat au poste de Premier ministre ne réussissait à former de gouvernement dans les huit ou neuf mois qui suivent des élections législatives et si le président de la République renonçait à exercer son pouvoir de dissolution.

Le président de la République aurait de plus l'obligation de décréter la dissolution de la Chambre des députés sur demande du Gouvernement, qui pourrait ainsi remettre en jeu sa légitimité devant l'électorat. Cette prérogative du Gouvernement ressemblerait à la « dissolution de convenance[1] », très pratiquée au Royaume-Uni, où il arrive fréquemment que le parti au pouvoir provoque la dissolution de la Chambre des communes et convoque des élections anticipées à un moment où les sondages lui sont favorables.

Il nous semble nécessaire de définir certains cas dans lesquels la Chambre des députés ne pourra être dissoute sur demande du Gouvernement. La dissolution ordonnée par le Gouvernement pourrait par exemple être interdite dans un délai d'un an à compter des dernières élections, tandis que toute dissolution serait interdite tant qu'est en vigueur l'état d'urgence.

Quant au Sénat, il serait contre-indiqué d'en permettre la dissolution, et ce pour deux raisons. D'abord, le Sénat ne serait pas directement impliqué dans les affaires gouvernementales, la formation ou le renversement du Gouvernement : par exemple, le Gouvernement n'aurait pas à obtenir la confiance du Sénat. Ensuite et surtout, le Sénat disposerait de prérogatives de contrôle étendues – telles la levée de l'immunité présidentielle, ou l'institution de commissions d'enquête –, ce qui interdirait d'accorder au pouvoir exécutif le pouvoir de le dissoudre.

De l'élection du président de la République

Au cours des dernières années, les élections présidentielles auxquelles a procédé le Parlement libanais ont donné lieu à d'interminables controverses sur la procédure électorale. Du fait de l'arbitraire qui régnait sur le cours des scrutins, les scènes de chaos étaient fréquentes. Lors de chaque élection présidentielle, certains partis politiques – et en particulier le Hezbollah, le parti Amal et le Courant patriotique libre – sabotaient ou boycottaient les séances dédiées à

[1] Aussi appelée « dissolution de confort ».

l'élection d'un chef d'État afin d'empêcher le processus électoral de suivre son cours. Ces manœuvres politiques ont été rendues possibles par différents stratagèmes consistant à rendre l'élection d'un chef d'État toujours plus ardue.

Ces artifices consistaient en premier lieu à imposer un quorum de présence de deux tiers de l'ensemble des membres du Parlement (au lieu de la majorité absolue, comme le prévoit l'article 34 de la Constitution), ce qui permettait à une minorité de députés d'empêcher le processus électoral de suivre son cours en se retirant de l'hémicycle. Le Parlement était ensuite convoqué à une nouvelle *séance électorale* et non pas à un deuxième tour de scrutin, afin de répéter le premier tour à l'infini. Cela permettait d'éviter que le second tour ait lieu et d'empêcher l'abaissement de la majorité requise de la majorité des deux tiers à la majorité absolue (comme dispose l'art. 49, par. 2, de la Constitution libanaise). Enfin, les partis-communautés ont imposé de calculer ladite majorité sur la base du total des députés que compte le Parlement au lieu de prendre le nombre de suffrages exprimés comme nombre de référence (comme l'exige l'art. 12 du Règlement intérieur du Parlement libanais[1]).

Si l'ensemble des normes que nous venons d'évoquer étaient observées, l'élection du président de la République ne donnerait pas lieu à tant de récriminations et de controverses, et surtout, la magistrature suprême ne resterait pas

---

[1] Il existe une controverse au sujet de la portée de cette disposition, puisque d'aucuns prétendent que le texte arabe de l'article 49, paragraphe 2, de la Constitution libanaise, constituerait une *lex specialis* à l'article 12 du Règlement intérieur du Parlement libanais. La version arabe de l'article 49 de la Constitution laisserait entendre, selon eux, que le président de la République doit être élu à la majorité des membres du Parlement et non pas des suffrages exprimés. Nous ne souscrivons pas à ce point de vue.

vacante des mois durant[1]. Nous suggérons donc de revenir à la stricte application des règles qui devraient régir l'élection du président de la République – ainsi que toutes les autres élections auxquelles procède le Parlement.

Par souci de clarté, il pourrait être opportun de renforcer ces normes en ôtant toute incertitude quant à leur application. Pour ce faire, les constituants pourraient préciser que l'exigence du quorum de présence de la majorité absolue des membres des deux chambres du futur Parlement libanais bicaméral s'appliquerait à toutes les séances que tiendraient ces chambres. De même, les dispositions qui régissent les élections auxquelles procède le Parlement pourraient explicitement déterminer la majorité à obtenir par rapport aux suffrages exprimés et non par rapport à l'ensemble des membres qui composent le Parlement. Les votes blancs ou nuls n'entreraient alors pas dans le calcul de la majorité requise, mais contribueraient au contraire à abaisser celle-ci, ce qui dissuaderait les élus de voter blanc.

D'autres normes pourraient être adoptées afin d'assurer que l'élection ne soit pas vaine et que le poste de président de la République soit bel et bien pourvu après quelques tours de scrutin. Pour ce faire, le Liban pourrait s'inspirer des règles que connaissent d'autres États.

En Allemagne, de nouvelles candidatures ne peuvent être déposées qu'au cours des trois premiers tours de scrutin (art. 9 de la loi sur l'élection du président de la République fédérale d'Allemagne). De même, lors de l'élection des membres du Conseil fédéral (gouvernement) suisse, les députés peuvent voter pour les personnalités de leur choix

---

[1] Le poste de président de la République libanaise fut vacant de novembre 2007 à mai 2008, de mai 2014 à octobre 2016, puis à nouveau entre novembre 2022 et janvier 2025.

jusqu'au troisième tour de scrutin ; à partir du quatrième tour, les candidatures sont limitées aux personnalités ayant reçu au moins une voix lors des tours précédents (art. 132, par. 3, de la loi sur l'Assemblée fédérale suisse). Tant en Allemagne qu'en Suisse, les suffrages qui se portent à partir du quatrième tour de scrutin sur des personnalités qui ne sont pas formellement candidates ou qui n'ont pas obtenu de voix lors des tours précédents sont donc nuls. Une telle règle a pour effet d'interdire aux potentiels candidats de temporiser jusqu'à ce que la conjoncture politique leur soit favorable[1] et de leur imposer d'annoncer leur candidature dès le début du processus électoral.

Dans de nombreux États, un mécanisme d'élimination des candidats les moins bien placés se met également en place au fil des tours, ce qui limite automatiquement les tours suivants aux candidatures les plus sérieuses et impose un report des voix des perdants sur les candidats encore en lice. C'est ainsi qu'en Afrique du Sud, le candidat arrivé en dernière position lors de chaque tour de scrutin est éliminé (art. 7, par. 1, de la section A de la troisième annexe à la Constitution sud-africaine). En Suisse, les candidats ayant obtenu moins de dix voix au second tour sont éliminés de la course, tandis qu'à compter du troisième tour, le candidat arrivé en dernière position ne peut plus concourir aux tours suivants (art. 132, par. 4, de la loi sur l'Assemblée fédérale suisse).

La combinaison de ces deux mécanismes a pour conséquence qu'un candidat est automatiquement porté au poste à pourvoir à la suite de quelques tours de scrutin, sans qu'il ne

[1] Une telle stratégie a parfois été adoptée par certains candidats à la présidence de la République libanaise.

soit possible d'empêcher ou de retarder l'élection par des manœuvres ou ententes entre les groupes parlementaires.

Nous proposons donc que le Parlement libanais (chambres réunies) se dote de règles limitant les nouvelles candidatures aux quelques premiers tours de scrutin et d'un mécanisme d'élimination des candidats les moins bien placés au fur et à mesure que se déroule le processus électoral. L'abaissement de la majorité requise entre les tours de scrutin – qui a déjà cours actuellement – viendrait encore faciliter les élections auxquelles procèdent les chambres parlementaires.

A Compétences législatives et budgétaires.
B Formation et surveillance du pouvoir exécutif.
C Autres compétences.

1 Compétence de principe de la Chambre des députés, « droit d'appel » ou de proposition du Sénat, Chambre des députés se prononce en dernière instance.
2 Compétence détenue conjointement par la Chambre des députés et le Sénat.
3 Compétence détenue cumulativement par la Chambre des députés et par le Sénat.
4 Compétence détenue alternativement par la Chambre des députés et par le Sénat.
5 Compétence exclusive du Sénat.

		1	2	3	4	5
A	Législation courante	■				
	Saisine du Conseil constitutionnel				■	
	Adoption du budget	■				
	Vote de crédits exceptionnels					■
B	Élection du président de la République		■			
	Vote de confiance au Gouvernement, motion de censure et question de confiance	■				
	Questions au Gouvernement				■	
	Création de commissions d'enquête				■	
	Levée de l'immunité du président de la République, du premier ministre, des ministres et des fonctionnaires de première catégorie					■
C	Levée de l'immunité des députés					■
	Révision de la loi sur la nationalité					■
	Révision des circonscriptions administratives					■
	Révision de la loi électorale			■		
	Autorisation de ratification des traités internationaux			■		
	Proclamation et levée de l'état d'urgence			■		
	Mobilisation générale, déclaration de guerre, conclusion d'accords de paix			■		
	Révision de la Constitution			■		

Tableau n° 7 – Proposition de répartition des compétences entre les deux chambres du Parlement libanais

Troisième partie

PRINCIPES GÉNÉRAUX D'UNE RÉFORME ÉLECTORALE

Chapitre IX

Des principes généraux du système électoral

Du parallélisme des formes et de l'importance des lois sur les droits politiques

EN JANVIER 2000, LE PARLEMENT LIBANAIS a adopté, en prévision des élections législatives de la même année, une nouvelle loi électorale[1] dont l'article premier se lisait comme suit :

> Loi électorale libanaise n° 171/2000 du 6 janvier 2000, article premier :
>
> « Le Parlement est composé de cent-vingt-huit députés et son mandat est de quatre ans, à l'exception du premier Parlement qui sera élu conformément à la présente loi et dont le mandat [sera de cinq ans] ».

Les autres dispositions du titre premier de la loi portaient sur l'étendue et la délimitation des circonscriptions électorales, sur la convocation du corps électoral et sur les conditions requises pour pouvoir se porter candidat.

Cet exemple illustre l'une des graves défaillances dont souffre la République libanaise, qui, comme nous l'avons précédemment évoqué, est *malade de ses partis et de la faiblesse de ses institutions* : les partis politiques peuvent modifier le nombre de sièges que compte le Parlement, la durée de son mandat, le nombre et la délimitation des circonscriptions électorales ainsi que la répartition des sièges entre ces der-

[1] Loi électorale libanaise n° 171/2000 du 6 janvier 2000.

nières et le cercle des personnes qui peuvent se porter candidates, et ce par une loi ordinaire, c'est-à-dire par un vote à la majorité simple des députés présents lors d'une séance plénière. En d'autres termes, le Parlement libanais peut, *par une simple loi,* modifier les éléments les plus essentiels qui fondent le système parlementaire[1].

Cette marge de manœuvre démesurée a permis à la classe politique de reporter les élections législatives à trois reprises au cours de la dernière décennie – en 2013, 2014 et 2017. Pour y parvenir, il a suffi aux députés d'adopter par trois fois une loi comportant un seul article stipulant que « le mandat du Parlement est prorogé » jusqu'à son terme souhaité. C'est cette même marge de manœuvre qui a permis aux partis politiques de modifier arbitrairement le nombre de sièges que compte le Parlement. En effet, alors que l'Accord de Taëf prévoyait initialement que le Parlement devait compter cent huit sièges (art. 2-A, par. 6, de l'accord de Taëf), ce nombre a été porté à cent vingt-huit en 1992[2] ; cet ajout de vingt sièges a été acté par une simple loi. De même, la loi électorale adoptée en 2017 avait prévu la création, en 2022, d'une circonscription des « Libanais de l'étranger », qui devait compter six nouveaux sièges, portant le total du nombre des députés à 134[3]. Cette disposition n'a cependant pas été appliquée pour les élections de mai 2022 et le nombre de sièges parlementaires est resté de cent vingt-huit. Cette disposition est aujourd'hui largement critiquée ; comme nous allons le voir, elle modifie en profondeur les équilibres électoraux libanais.

---

[1] Ce problème fut évoqué en 1982 par Rabbath, qui dénombra pas moins de quinze lois électorales – ou amendements à celles-ci – adoptés entre 1922 et 1960 (RABBATH, pp. 176 et ss.).

[2] MAÏLA, p. 22.

[3] Article 122 de la loi électorale libanaise de 2017.

Enfin, les manipulations de la délimitation des circonscriptions électorales d'une élection à l'autre sont monnaie courante et confinent au *gerrymandering*[1] le plus poussé.

Afin de remédier à de telles pratiques et de garantir la continuité des institutions, ces éléments centraux et constitutifs du pouvoir législatif devraient être rendus plus pérennes. Pour ce faire, les grands principes du système parlementaire libanais devraient impérativement être élevés au rang de principes constitutionnels. S'ils venaient à être intégrés dans la Constitution, le principe du parallélisme des formes[2] interdirait en effet qu'ils soient modifiés autrement qu'à travers la voie d'un amendement constitutionnel. À notre sens, les principes qui doivent donc faire l'objet d'un article constitutionnel propre incluent la liberté de vote, la composition et le mode d'élection – grossièrement esquissé – de chacune des deux chambres, ainsi que le rôle de l'État dans l'organisation des élections.

Certains éléments relevant de l'application de la loi électorale devraient uniquement dépendre de facteurs objectifs

---

[1] Le *gerrymandering* désigne la pratique consistant à délimiter les circonscriptions électorales de manière à favoriser un parti politique au détriment d'un autre. Le nom provient d'une caricature du découpage électoral du Massachusetts réalisé en 1812 par le gouverneur de l'État en question, Elbridge Gerry : la circonscription incriminée ressemblant à une salamandre (*salamander*), les auteurs de la caricature l'ont surnommée *gerrymander*.

[2] Le parallélisme des formes – aussi appelé symétrie ou correspondance des formes – est un principe de droit public en vertu duquel un acte pris selon une certaine procédure ne peut être abrogé ou modifié qu'en suivant une procédure identique : autrement dit, on ne peut abroger une norme que par une norme de niveau identique. Ainsi, une loi ne peut modifier ou abroger une disposition constitutionnelle, tout comme un décret ne peut modifier ou abroger une loi.

– à titre d'exemple, la répartition des sièges entre les circonscriptions électorales devrait uniquement dépendre de la population de chaque circonscription. De telles compétences, qui sont du domaine de la mise en œuvre des principes électoraux et qui ne sont donc pas des compétences politiques, devraient revenir à l'administration des élections – laquelle devrait évidemment être un corps neutre et impartial – et non au Parlement.

Ces principes fondamentaux qui régissent la tenue des scrutins et le cours de la vie parlementaire doivent à leur tour trouver leur expression dans la loi électorale, laquelle doit être rédigée avec un soin extrême du détail. Elle devrait ne compter aucune lacune et régir les cas de figure dont la survenance semble improbable, dans le but d'éviter tout conflit politique. La politique vit en effet des règles qui sont adoptées *avant* que le processus ne prenne son cours, car si un cas survient qui n'est pas prévu par la loi, le conflit devient inévitable.

La certitude au sujet de la procédure électorale est un élément crucial de toute élection, car seule cette certitude permet de garantir l'incertitude quant aux résultats des élections. C'est là en effet une différence essentielle entre les régimes démocratiques et les régimes autocratiques : dans les premiers, les élections sont organisées selon des procédures stables et des règles définies à l'avance. La certitude est ainsi de mise en ce qui concerne la procédure électorale, mais l'incertitude substantielle – soit l'incertitude quant aux résultats de l'élection – y est non seulement admise mais même nécessaire. Dans les seconds, en revanche, les États jouissent de la prérogative d'intervenir arbitrairement dans les procédures et de déterminer les résultats à l'avance ; ainsi, l'incertitude procédurale y est combinée avec la certitude substantielle[1].

Une telle incertitude substantielle fait cruellement défaut aux élections libanaises. À titre d'exemple, lors des élections législatives de 2018, 90% des sièges étaient considérés comme étant attribués par avance en raison de l'environnement politique libanais et de la loi électorale adoptée en 2017 qui, malgré son fond démocratique, favorise les partis politiques traditionnels.

La Constitution doit donc permettre d'inscrire les principes électoraux dans le marbre afin de renforcer l'autorité des élections et la légitimité des résultats qui en découlent, tandis que la loi électorale doit prévoir les moindres détails pour éviter les contestations. En d'autres termes, la *certitude quant à la procédure* doit permettre l'*incertitude du résultat* et donc la compétition entre les candidats.

De la liberté de vote

La liberté de vote, qui conditionne le caractère démocratique des élections, devrait faire partie des éléments élevés au rang de principe constitutionnel et son champ d'application matériel devrait être détaillé dans la loi électorale. Cette dernière devrait être assortie de mécanismes de contrôle indépendants et impartiaux et la violation de ses dispositions devrait être sévèrement réprimée. Enfin, le Conseil constitutionnel devrait rester investi de la compétence de connaître des contentieux en matière électorale.

La liberté de vote comporte trois aspects : la libre formation de l'opinion du citoyen, la libre expression de sa volonté à travers les urnes et l'acceptation des résultats.

[1] SCHEDLER, p. 26.

La libre formation de l'opinion du citoyen est en jeu avant la tenue des élections et comprend :

- La publicité des chiffres de financement des campagnes électorales ainsi que le plafonnement et le contrôle des montants dépensés par chaque liste de candidats ;
- Le strict encadrement des campagnes électorales et notamment de l'accès aux médias et à l'affichage dans l'espace public ;
- La neutralité des organes exécutifs de l'État lors de la campagne électorale – ce qui ne devrait toutefois pas empêcher le Premier ministre de défendre son bilan et de faire campagne pour son camp politique en tant que chef de la majorité parlementaire.

La libre expression de la volonté du citoyen à travers les urnes et sa comptabilisation de manière démocratique entrent en jeu au moment du scrutin et lors du dépouillement des urnes. Cet aspect de la liberté de vote inclut :

- La prévention du clientélisme électoral et de l'achat de voix, tant par des moyens directs – par le paiement de sommes d'argent à l'électeur – qu'indirects – à travers la fourniture de services par les candidats et leurs partis politiques ;
- La prévention des fraudes au bureau de vote ;
- La prévention des fraudes lors du dépouillement des urnes et la transparence de la procédure et son explication au public.

Enfin, l'acceptation des résultats des urnes par les candidats et listes de candidats, les partis politiques, les électeurs et, de manière générale, la société libanaise, serait de mise après le dépouillement et la proclamation des résultats. Il s'agit d'éviter que des partis politiques ne remettent en cause sur le plan politique des résultats électoraux, ainsi que l'ont fait le Hezbollah et ses alliés en mai 2008. L'adhésion de tous aux résultats des élections est en effet un critère central pour que le vote de l'électeur soit respecté.

Les élections sont « un processus permettant de prendre des décisions collectivement contraignantes pour une communauté politique[1] » ; le respect de la décision prise lors des élections implique que la majorité au pouvoir respecte l'« opposition loyale » que sont les partis minoritaires, de même que le rôle institutionnel que ces derniers jouent et que ladite « opposition loyale » ne remette en cause ni l'organisation du scrutin, ni le fonctionnement de l'ensemble des institutions. À défaut, tout vainqueur désigné par les urnes se verrait qualifier d'usurpateur et tout parti évincé du pouvoir serait affublé du qualificatif de traître en raison de son opposition à la majorité. Faute d'acceptation du verdict des urnes par l'entièreté de la société, la liberté de vote n'est qu'une chimère.

L'élection de la Chambre des députés

Du scrutin majoritaire uninominal à un tour

En ce qui concerne l'élection de la Chambre des députés, nous rejetons particulièrement le scrutin majoritaire uninominal à un tour[2], dit « *first past the post* », tel que pratiqué au Royaume-Uni pour l'élection de la Chambre des communes. Ce système est improprement appelé « *one man one vote* » par ses partisans au Liban ; il est préconisé par certains partis politiques chrétiens traditionnels – et notamment les Kataëb et les Forces Libanaises.

---

[1] MÜLLER, p. 81, notre traduction.

[2] Soit en arabe : *nizām al-dā'irah al-fardiyyah.*

Le système majoritaire uninominal à un tour repose sur la division du territoire national en autant de circonscriptions qu'il y a de sièges à pourvoir : chaque circonscription compte donc un seul siège et le candidat qui y obtient le plus de voix – soit la *majorité simple* – est élu. Ceci a pour avantage de produire des majorités parlementaires claires – à tout le moins au Royaume-Uni – et des gouvernements stables, mais a tendance à favoriser les grands partis et à mener, sur le long terme, à l'apparition d'un système bipartisan[1].

En revanche, ce système mène à ce qu'un très grand nombre de voix soient « perdues » : si, dans une circonscription donnée, un candidat l'emporte avec une faible majorité relative – par exemple, 25% des voix seulement –, toutes les voix qui ont été attribuées aux candidats non élus – soit 75% des voix – sont « perdues », en ce sens qu'elles ne sont pas traduites par l'obtention d'un mandat parlementaire. Les partis ont donc intérêt à réaliser un découpage électoral de manière à optimiser la répartition de leurs partisans sur les différentes circonscriptions, ce qui augmente fortement le risque de *gerrymandering*. En outre, ce système peut mener à de fortes distorsions de la représentativité du parlement. C'est ainsi que lors des élections générales britanniques de 2015, le Parti pour l'indépendance du Royaume-Uni (*United Kingdom Independence Party*, UKIP) a remporté un seul siège sur les 650 en jeu, bien qu'il ait obtenu 12,6% du total des suffrages (3,8 millions de voix), se classant, en termes de nombre de voix, en troisième position.

---

[1] En vertu de la loi de Duverger.

Du scrutin proportionnel

Nous préconisons l'élection de la Chambre des députés selon un mode de scrutin proportionnel, et ce pour deux raisons.

Premièrement, les partis politiques traditionnels ont adopté en juin 2017 et après une longue période de querelles politiques, une loi électorale proportionnelle. Comme l'ont justement fait remarquer les critiques, le mode de scrutin y était dévoyé et détourné au profit des partis traditionnels, à tel point qu'il n'avait de proportionnel que le nom[1]. C'est cependant le principe du passage à une loi électorale proportionnelle qui nous intéresse ici. Les élections de mai 2018 ont donc été les premières de l'histoire du Liban à avoir lieu selon un système proportionnel[2] ; il nous semble important de préserver cet acquis.

Deuxièmement, la chambre basse a pour objet de représenter le peuple ; or le peuple libanais est, sous divers points de vue, de composition hétéroclite. Mis à part le critère confessionnel, la société libanaise connaît une très grande variété de niveaux de vie et d'éducation, de modes de vie – traditionnels et centrés sur la famille, le village, le clan, ou modernes, basés sur l'individu –, de modes de pensée, de traditions politiques, et, enfin, d'opinions. Par souci d'une meilleure représentation des divers groupes socio-politiques qui composent la société libanaise, la chambre basse devrait être élue selon un système proportionnel.

Il est vrai qu'un système électoral proportionnel risque de produire une chambre basse où se côtoient de nombreuses forces minoritaires sans qu'aucune ne soit en mesure de

---

[1] *Cf.* DAGHER.

[2] ZGHEIB.

former seule un gouvernement ou de prendre la tête d'une alliance qui détiendrait une majorité de sièges. Un tel péril est d'autant plus susceptible de se concrétiser que la dispersion des forces politiques au sein du Parlement libanais est traditionnellement forte et que celles-ci sont promptes à se décharger de la responsabilité du pouvoir – notamment en formant des gouvernements dits d'« union nationale ».

Cet inconvénient pourrait toutefois être compensé en introduisant des mécanismes qui facilitent l'obtention d'une majorité parlementaire stable, ou, à tout le moins, réduisent l'éclatement des groupes de députés, ou encore qui rendent la chute des gouvernements plus ardue. Ainsi, la « motion de censure constructive[1] » pourrait servir à stabiliser les gouvernements en place.

La loi pourrait de même contraindre chaque liste électorale à conclure des apparentements électoraux avec d'autres listes dans un nombre minimal de circonscriptions. Ceci contribuerait à faire parvenir à la place de l'Étoile des alliances homogènes, aux programmes politiques coordonnés. Cette mesure interdirait de plus aux partis-communautés de confiner leur activité électorale aux régions d'une seule et même communauté confessionnelle[2]. De même, la loi pourrait accorder une « prime majoritaire » au parti politique ayant obtenu le plus grand nombre de voix : le parti gagnant détiendrait alors un nombre déterminé de sièges *avant* que ne débute la répartition des sièges entre les listes, ce qui lui accorderait une certaine surreprésentation et lui ménagerait une plus ample marge de manœuvre dans la formation du gouvernement.

---

[1] *Cf.* chapitre VII.

[2] *Cf.* chapitre III.

Avec un objectif similaire, le règlement interne de la Chambre des députés pourrait accorder aux blocs parlementaires plus de droits qu'aux députés individuels, notamment en termes de temps de parole, ou de dépôt de projets de loi ou de motions. Les députés seraient ainsi incités à se rassembler en blocs parlementaires ; si le nombre d'élus requis pour former un bloc parlementaire était fixé de sorte à être quelque peu élevé, l'éclatement des forces politiques au sein de la chambre basse serait réduit.

Ces mesures, si elles venaient à être adoptées, diminueraient le risque que la République libanaise ne pâtisse d'une instabilité gouvernementale chronique et permettraient de surmonter les inconvénients du mode de scrutin proportionnel.

Nous ne proposerons pas, en ce qui concerne l'élection de la Chambre des députés, de système électoral particulier, si ce n'est que nous recommandons de faire usage d'un système déjà existant et éprouvé plutôt que d'en façonner un par la juxtaposition de différents éléments pris çà et là. Les formules électorales proportionnelles ont été largement explorées par les mathématiciens[1] et une étude approfondie des avantages et inconvénients de chaque système permettrait de choisir celui qui correspond le mieux au Liban.

[1] Diverses méthodes de calcul du résultat électoral ont chacune leurs avantages et leurs inconvénients : méthodes du plus fort reste (quotient de Hare, quotient d'Hagenbach-Bischoff, quotient de Droop, quotient d'Imperiali), méthodes de la plus forte moyenne (système D'Hondt, système de Sainte-Laguë), méthode de répartition bi-proportionnelle (dite double système de Pukelsheim), *et cætera*.

Du panachage et du vote préférentiel

Dans le cadre d'un scrutin de liste, le panachage survient quand l'électeur raye certains candidats de la liste à laquelle il va attribuer sa voix et les remplace par des candidats pris sur d'autres listes.

Cette possibilité était octroyée à l'électeur libanais jusqu'aux élections législatives de 2009, puis a été supprimée par la loi électorale adoptée en 2017 et remplacée par un vote préférentiel unique[1].

Il nous semble important de rétablir le panachage pour l'élection de la Chambre des députés. La scène politique libanaise a, de tout temps, compté un très grand nombre de politiciens non encartés ; or le mode de scrutin proportionnel est, en tout état de cause, un *scrutin de liste* et donc avant tout un *scrutin de parti*, plutôt qu'un *scrutin de personne*. La préservation du rôle du député comme représentant de sa circonscription impose d'inclure une certaine dose de relations personnelles entre le candidat et l'électeur. Il s'agit également d'éviter de trop pénaliser ceux qui souhaitent s'engager en politique sans être affiliés à un parti.

Surtout, le panachage – qui est, de surcroît, parfaitement compatible avec un scrutin proportionnel – permettrait aux électeurs de s'affranchir des décisions prises par les partis politiques en matière de candidature et ôterait aux partis un moyen de pression sur l'électeur. C'est notamment pour s'assurer un meilleur contrôle de leur électorat que les partis

---

[1] En l'état, les élections municipales ont toujours lieu au scrutin plurinominal majoritaire à un tour et selon le système des listes ouvertes (art. 125 *in fine* de la loi électorale libanaise de 2017) ; les électeurs y disposent donc toujours de la possibilité de procéder au panachage.

traditionnels ont choisi de substituer le vote préférentiel unique au panachage[1].

À défaut de panachage, il serait opportun d'octroyer à l'électeur plusieurs votes préférentiels qu'il pourra exprimer en faveur d'un ou de plusieurs candidats de la liste pour laquelle il vote. Une telle possibilité permettrait, tout comme le panachage, de donner à l'électeur une certaine indépendance vis-à-vis du parti politique qu'il soutient et de ne pas permettre à ce dernier de choisir l'ordre des candidats à élire.

Du lieu du vote

L'État libanais ne tient actuellement aucun registre du domicile officiel de la population résidante. Les électeurs ne peuvent donc pas voter dans leur circonscription de domicile, car ils doivent impérativement le faire dans leur *circonscription d'origine* – et ce même si leur famille n'y est plus domiciliée depuis plusieurs générations.

Le principe voulant que l'électeur doive exprimer son vote dans sa circonscription d'origine plutôt que dans celle où il réside est la clef de voûte du système parlementaire actuel. Une fois achevée l'institution d'un Sénat représentant les communautés confessionnelles, ce principe ne se justifiera plus. Nous proposons donc de l'abolir et de lier le lieu du vote à celui de la résidence.

Une telle réforme implique que l'État instaure un registre de la population, mis à jour de manière permanente, ce qui permettrait de déterminer le domicile de chaque électeur et son inscription sur le registre électoral (*lā'iḫat al-shaṯb*) dans la circonscription électorale correspondante.

---

[1] *Cf.* ZGHEIB.

À titre d'exemple, un électeur libanais domicilié à Batroun qui déménagerait à Tripoli avant de s'installer à Beyrouth serait, tour à tour, inscrit sur le registre électoral de la circonscription dans laquelle est incorporée chacune des trois villes précitées.

Les principes devant gouverner la délimitation des circonscriptions – sujet particulièrement sensible – seront abordés au chapitre suivant.

De la diaspora libanaise

L'État libanais ne s'est jamais inquiété de savoir où résidaient les Libanais et ne s'enquiert pas du nom des Libanais qui émigrent ou qui reviennent habiter au pays ou de leur nombre[1]. Les électeurs, qu'ils habitent au Liban ou qu'ils aient élu domicile à l'étranger, sont en effet toujours inscrits sur les registres électoraux locaux. Jusqu'aux élections municipales de 2016, un électeur libanais domicilié à l'étranger devait impérativement se rendre au Liban le jour du scrutin pour pouvoir voter.

À compter des élections législatives de 2018, la possibilité a été octroyée aux membres de la diaspora de s'inscrire dans les ambassades et consulats du Liban de leur pays de résidence afin de pouvoir voter sans avoir à se déplacer jusqu'au Liban. Ces électeurs expriment leur vote dans la représentation diplomatique libanaise de leur lieu de résidence *pour les sièges de députés de leur circonscription d'origine*. Cet état des choses est voué à évoluer : l'article 122 de la loi électorale adoptée le 17 juin 2017 prévoit en effet l'ajout d'une circons-

---

[1] C'est ainsi que lors de la crise financière, économique et sociale qui a frappé le Liban à partir de 2019, le seul moyen de savoir combien de Libanais déménageaient à l'étranger était de s'intéresser aux statistiques des arrivées et des départs de l'aéroport de Beyrouth.

cription des Libanais de l'étranger comportant six sièges – un pour chaque continent. Cette disposition n'a toutefois pas été appliquée lors des élections législatives de 2022.

L'électorat libanais était composé, en 2022, de 3 967 507 personnes[1]. Or le nombre de Libanais de la diaspora disposant du droit de vote est estimé à un million et demi[2] ; la majorité de ces Libanais de l'étranger n'est pas incluse dans le décompte officiel du nombre d'électeurs, étant donné qu'il leur faut procéder aux inscriptions administratives nécessaires pour figurer sur les registres électoraux. En revanche, une minorité substantielle de Libanais de la diaspora est toujours inscrite sur les registres électoraux locaux : le nombre d'électeurs résidant *effectivement* au Liban est donc quelque peu inférieur à 3 967 507.

La création de six sièges dévolus aux Libanais de la diaspora mènerait aux conséquences suivantes :

– Les électeurs qui résident effectivement au Liban, soit un nombre quelque peu supérieur à trois millions, seraient représentés par 122 députés ;
– Les électeurs qui résident à l'étranger, dont le nombre est estimé à un million et demi[3], ne seraient représentés que par 6 députés.

Par conséquent, cette réforme mènerait à une sous-représentation flagrante des Libanais de l'étranger, dont l'influence électorale serait limitée à six sièges pour un nombre d'électeurs très élevé. Lors de son incorporation

[1] Ministère libanais de l'intérieur et des municipalités, Carte Statistique.

[2] Ce chiffre ne cesse d'augmenter du fait de l'émigration massive et constante des Libanais depuis 2019.

[3] À notre sens, il est correct de prendre en compte le nombre total de personnes détentrices du droit de vote et non pas le nombre de personnes qui l'exercent effectivement.

dans la loi électorale de 2017, elle a été présentée comme un cadeau fait par la classe politique en faveur de la diaspora. Cette manœuvre est, en réalité, un moyen de circonscrire l'influence électorale de ces Libanais dont le vote est imprévisible du fait qu'ils habitent à l'étranger, ne sont soumis ni au clientélisme ni aux pressions des partis politiques[1].

La « solution » ainsi prévue par le législateur libanais est inspirée de la France, qui dispose, depuis 2010, de onze « circonscriptions des Français de l'étranger ». La situation du Liban n'est en réalité en aucun point comparable à celle de la France tant les rapports respectifs diaspora/citoyens habitant sur le territoire national ne se situent pas dans le même ordre de grandeur : la France compte 2,5 millions d'expatriés[2] pour une population résidant sur territoire français – métropole et territoires d'outre-mer – de 67 millions de personnes. Les onze circonscriptions des Français de l'étranger comptent donc entre 101 000 et 259 000 électeurs chacune.

Le nombre de Libanais de l'étranger est trop important par rapport à la population résidante pour pouvoir créer des circonscriptions législatives qui leurs soient dédiées et qui soient justement représentatives. En d'autres termes, la part des Libanais de l'étranger au sein de l'électorat libanais est si importante qu'il faudrait leur consacrer une trentaine ou une quarantaine de sièges au sein de la Chambre des députés pour qu'ils puissent être correctement représentés – or une telle solution est impraticable.

La solution que nous préconisons est donc de permettre à la diaspora libanaise de voter *physiquement* sur son lieu de

---

[1] *Cf.* DAGHER.

[2] Nous n'avons malheureusement pas été en mesure de trouver le nombre d'*électeurs* français résidant hors de France.

résidence – soit au sein des représentations diplomatiques libanaises – mais dans la circonscription dans laquelle se situe leur *dernier lieu de domicile au Liban.* Ce modèle est, notamment, en vigueur dans la Confédération suisse :

> Loi sur les personnes et les institutions suisses à l'étranger, article 18, paragraphe 1 :
>
> « Les Suisses de l'étranger exercent leur droit de vote dans leur dernière commune de domicile. »

À titre d'exemple, un électeur libanais domicilié à Beyrouth qui déménagerait à Tyr avant d'émigrer serait tour à tour, inscrit sur le registre électoral dans la circonscription de Beyrouth, puis dans celui de la circonscription dans laquelle est incorporée la ville de Tyr. Une fois qu'il réside à l'étranger, il voterait toujours au sein de la circonscription de Tyr, mais aurait la faculté d'exprimer son vote dans l'ambassade du Liban du pays où il habite.

L'élection du Sénat

Du scrutin majoritaire

En ce qui concerne les sénateurs, il serait opportun de **prévoir leur élection selon un mode de scrutin majoritaire.** Il y a deux raisons à cela :

Premièrement, un scrutin proportionnel requiert un nombre minimal de sièges par circonscription : une élection dans une circonscription où seuls deux, trois ou quatre sièges sont à pourvoir ne peut être réellement proportionnelle. Étant donné que le Sénat comptera un nombre de sièges bien inférieur à celui de la Chambre des députés, le scrutin proportionnel ne pourrait être retenu pour les élections sénatoriales. Si la solution des circonscriptions « personnelles » venait à être retenue, l'électorat de chaque circonscription serait composé des électeurs de chacune des communautés confessionnelles. La majorité des circonscriptions ainsi formées compterait trois sièges ou moins : seules les communautés sunnite, chiite et maronite éliraient plus de quatre sénateurs. Le mode de scrutin majoritaire serait alors le seul qui pourrait être envisagé.

Deuxièmement, le Sénat ayant des fonctions différentes de celles de la Chambre des députés, il serait bon d'en prévoir l'élection selon un mode de scrutin différent. La composition du Sénat refléterait alors un autre aspect de la société libanaise et l'élection de la chambre haute selon un mode de scrutin majoritaire permettrait de contrebalancer l'usage de la proportionnelle lors de l'élection de la chambre basse. Cette différence de fonctions se refléterait également dans l'élection de chaque sénateur par les membres de sa communauté.

Du scrutin alternatif

Pour l'élection des sénateurs, nous suggérons l'usage du système de **vote alternatif**[1], uninominal dans le cas des communautés qui ne comptent qu'un seul siège de sénateur et plurinominal dans le cas des communautés qui comptent deux sièges de sénateurs ou plus.

Le vote alternatif permet à l'électeur de *classer* les candidats par ordre de préférence. Lors du dépouillement, on commence par comptabiliser le nombre de bulletins sur lesquels chaque candidat est placé en première préférence. Si un candidat atteint la majorité absolue, il est élu. Si, en re-

[1] En anglais : *preferential block voting* ou *instant runoff voting*. Nous avons écarté le système de scrutin à vote unique transférable – dit système de Hare, ou, en anglais, *single transferable vote* – étant donné qu'il conduit à une représentation proportionnelle.

vanche, aucun candidat n'atteint la majorité absolue, on élimine le candidat qui a obtenu le moins de premières préférences et l'on répartit les deuxièmes préférences inscrites sur les bulletins du candidat éliminé, lesquelles s'additionnent aux premières préférences des candidats restants. Le total des premières préférences est à nouveau effectué et le candidat qui obtient la majorité absolue est élu. Si tel n'est à nouveau pas le cas, on élimine le candidat qui a obtenu le moins de voix et l'on reporte les préférences suivantes inscrites sur ses bulletins sur les candidats restants. L'opération est ensuite répétée autant de fois qu'il le faut pour qu'un candidat obtienne la majorité absolue des suffrages exprimés.

S'il y a plusieurs sièges à pourvoir, on commence par attribuer le premier siège comme décrit ci-dessus. Une fois le premier candidat élu, on reporte les préférences suivantes inscrites sur ses bulletins sur les candidats restants, en les additionnant aux voix déjà obtenues par ces derniers. On effectue alors un nouveau décompte et l'on applique le même procédé qu'utilisé pour le vote alternatif uninominal jusqu'à ce qu'un second candidat obtienne la majorité absolue. Ces opérations sont ensuite répétées jusqu'à ce que tous les sièges soient pourvus[1].

---

[1] BROQUET/LANCELOT, p. 17.

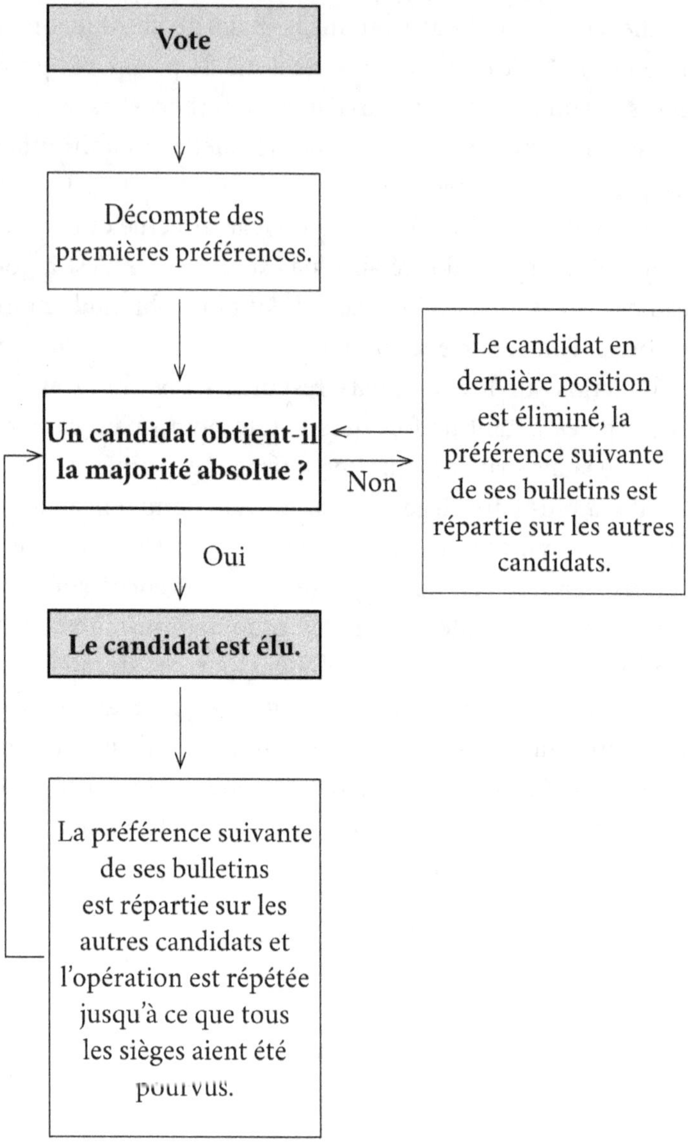

Schéma n° 3 – Le vote alternatif.

Le vote alternatif a de nombreux avantages : il permet d'éviter qu'un candidat ne doive son élection à la dispersion de ses concurrents et offre une plus grande représentativité de l'élu du fait du report sur sa personne des bulletins des candidats éliminés[1]. Un candidat craindra donc moins l'éparpillement de ses voix du fait de la multiplication des candidatures qui lui sont politiquement semblables. De même, l'électeur pourra voter pour son candidat favori, même si ce dernier n'a pratiquement aucune chance de l'emporter, sans devoir craindre que son vote soit inutile, puisqu'il pourra sélectionner d'autres candidats sur lesquels se reportera sa voix si son premier choix devait être éliminé. En d'autres termes, l'électeur n'est plus forcé de choisir entre voter « utile » et voter pour le candidat qu'il préfère.

Le vote alternatif est également nommé *vote à second tour instantané,* étant donné qu'il permet de simuler plusieurs tours de scrutin en n'en organisant en réalité qu'un seul. En effet, les alternatives choisies par les électeurs indiquent quels candidats ils préfèrent si tous les candidats pour lesquels ils ont précédemment exprimé leur vote ont été éliminés.

****

Le choix du mode de scrutin revêt une importance toute particulière, puisque de ce choix dépend en effet la réalité de la représentativité de chacune des deux chambres du futur Parlement libanais bicaméral. Toute décision inconsidérée dans ce domaine risque de mettre en péril les gains réalisés par une réforme institutionnelle réussie. Dès lors, les avantages et les inconvénients de chaque mode de scrutin doivent être soigneusement évalués à l'aune de l'équité des élections et des grands principes que l'on souhaite mettre en œuvre

---

[1] BROQUET/LANCELOT, p. 17.

par leur truchement. Surtout, les intérêts partisans doivent être écartés au profit d'une vision à long terme permettant de stabiliser le parlementarisme, dont le rythme est scandé par les élections régulières organisées selon des règles pérennes et acceptées par tous.

Chapitre X

Des circonscriptions électorales

La délimitation des circonscriptions électorales est une étape cruciale de l'établissement d'une représentation parlementaire juste et équitable. Toute loi électorale, fût-elle pensée pour assurer des élections libres, peut en effet être manipulée par le biais de circonscriptions avantageant certaines forces politiques au détriment d'autres. C'est ainsi que le Conseil constitutionnel libanais a estimé, dans une décision rendue en 1996, que la crédibilité du système représentatif « repos[ait] également sur le découpage des circonscriptions électorales qui [devait garantir] l'égalité dans la représentation politique[1] ».

Nous nous proposons donc de définir les grands principes qui doivent gouverner la délimitation du territoire en circonscriptions. Étant donné que nous recommandons l'élection des sénateurs au sein de circonscriptions « personnelles[2] » composées des membres de chaque communauté confessionnelle, ce chapitre ne concerne que l'élection de la Chambre des députés.

De l'utilité des circonscriptions électorales

Il est à notre avis nécessaire d'organiser les élections dans un territoire divisé en circonscriptions et, plus précisément, en circonscriptions dont la taille n'est pas trop grande, et ce pour diverses raisons.

---

[1] Conseil constitutionnel libanais, décision n° 4/1996 du 7 août 1996.

[2] *Cf.* chapitre VI.

Premièrement, le scrutin proportionnel est un scrutin de listes, qui place les partis politiques en première ligne et renforce leur rôle de premiers intermédiaires de la politique. Des circonscriptions de taille trop grande marginaliseraient le critère de la personnalité des candidats. Si les élections se tenaient au sein d'une unique circonscription électorale englobant l'ensemble du territoire libanais, les listes, dont le nombre serait inévitablement très élevé, compteraient jusqu'à cent vingt-huit candidats chacune. Les électeurs seraient alors contraints de se familiariser avec un nombre trop élevé de candidats[1] et leur tâche en deviendrait impossible. Les électeurs deviendraient donc dépendants des grands partis politiques.

Comme mentionné précédemment, le système électoral proportionnel est un système de listes. Cela défavorise particulièrement les candidats non encartés, que le système proportionnel forcerait à se joindre à des listes. Il faudrait donc veiller à ne pas écarter totalement cette catégorie de candidats en organisant des élections qui auraient lieu dans une circonscription unique.

Deuxièmement, la tenue des élections au sein d'une unique circonscription risque de favoriser les grands partis politiques qui disposent d'importants moyens logistiques et financiers, au détriment des listes de petite taille. Celles-ci seraient forcées de concentrer leur campagne électorale sur des régions déterminées, tandis que les grands partis pourraient bénéficier d'un effet de « campagne de masse ».

Finalement, il est à craindre que des élections organisées au sein d'une seule et unique circonscription mènent à une

---

[1] À titre d'exemple, 597 candidats ont concouru sur 77 listes différentes lors des élections législatives de 2018 (ATALLAH/ZOUGHAIB, Snapshot of elections results, p. 3).

sous-représentation de certaines régions – par exemple, le Akkar – qui pâtiraient du fait qu'elles ne comptent aucun candidat ou homme politique de premier plan capable d'être la tête de liste de son parti[1].

Nous rejetons donc le système électoral de la circonscription unique, dont les principaux défenseurs sont le Hezbollah et le parti Amal. Pour se prémunir des inconvénients mentionnés ci-dessus, il est en effet nécessaire de diviser le territoire libanais en circonscriptions dont la taille ne dépasse pas une limite que nous fixerons à une quinzaine de sièges[2]. Un tel chiffre demeure évidemment un ordre de grandeur et n'est qu'une prescription indicative.

Inversement, les circonscriptions ne devraient pas être de taille trop petite afin d'éviter l'effet de quorum naturel[3] qui diminue le caractère proportionnel d'une élection dans les circonscriptions comportant un faible nombre de sièges. Nous proposons donc une limite inférieure située aux alen-

---

[1] DAGHER.

[2] Selon la loi électorale de 2017, la circonscription comptant le plus grand nombre de sièges (Chouf Aley) envoie treize députés à la place de l'Étoile.

[3] Aussi appelé seuil électoral ; en anglais : *disctrict magnitude*. Le quorum naturel désigne la part minimale théorique des voix exprimées qu'une liste doit glaner pour espérer obtenir un siège dans une circonscription donnée ; cette part est égale à $(1/n+1) \times 100$, avec n le nombre de sièges à pourvoir dans la circonscription en question. Le quorum naturel est lié à la réduction du caractère proportionnel de l'élection dans les circonscriptions de petite taille : plus la circonscription est petite, plus le système proportionnel tend à devenir un système majoritaire *de facto*. Par exemple, dans une circonscription comptant deux sièges, toute liste ayant obtenu moins de 33% des voix exprimées n'a pratiquement aucune chance d'obtenir un siège et cette élection confine à la majoritaire pure ; dans une circonscription comptant six sièges, le quorum naturel tombe à 14% des voix exprimées.

tours de sept ou huit sièges[1] : le quorum naturel serait alors au maximum de 1/(7 + 1) x 100 = 12,5%.

Les constatations suivantes s'imposent : le Liban est d'ores et déjà subdivisé en gouvernorats (*muḫāfazāh*), dont le nombre initial était de cinq[2] – y compris la ville de Beyrouth. Ces gouvernorats sont eux-mêmes composés de vingt-six cazas (*qaḏā'* : « district »). Les frontières de ces subdivisions administratives étant claires et incontestées, toute division du territoire en circonscriptions, afin d'être réalisée de la manière la plus neutre possible, devrait les prendre comme point de départ. Ainsi, on devrait s'appuyer sur les subdivisions administratives déjà existantes pour obtenir des circonscriptions qui remplissent les critères que nous mettons en avant.

De la division du territoire national en circonscriptions

En respectant les principes ainsi énumérés, on procéderait à une division du territoire national en circonscriptions, puis à une répartition des sièges entre les circonscriptions.

---

[1] Selon la loi électorale de 2017, la circonscription de Saïda-Jezzine est dotée de cinq sièges, faisant d'elle la circonscription qui élit le plus petit nombre de députés.

[2] Ce nombre a été officiellement porté à neuf au cours des dernières années, chacun des gouvernorats sauf celui de Beyrouth ayant été divisé en deux. Le désordre qui règne au sein de la République libanaise ne nous a cependant pas permis de savoir si la création de ces nouvelles subdivisions administratives a effectivement été suivie d'effets. Nous baserons donc nos propositions sur les cinq gouvernorats traditionnels : Beyrouth, le Mont-Liban, le Liban-Nord, le Liban-Sud et la Békaa.

Première étape : division du territoire en circonscriptions (division géographique)

En 1996, le Conseil constitutionnel libanais a établi, entre autres principes applicables à la délimitation des circonscriptions électorales, que ces dernières devaient reposer sur des bases essentiellement démographiques « pour réaliser une représentation juste des régions et des citoyens[1] ». Les juges constitutionnels exprimaient là l'idée que des circonscriptions devraient être de taille plus ou moins identique en termes de population[2] afin que le nombre de sièges attribués à chacune d'entre elles soit plus ou moins similaire. Une telle exigence vise, par souci d'égalité des électeurs et des candidats, à ce que les élections soient soumises aux mêmes conditions d'une circonscription à l'autre, notamment en ce qui concerne le quorum naturel.

Nous avons précédemment proposé que le nombre de sièges par circonscription soit compris entre sept ou huit et une quinzaine de sièges ; il est également important d'éviter qu'une circonscription ne compte sept sièges et qu'une autre en compte quinze, puisqu'un tel écart serait trop important pour assurer des conditions électorales peu ou prou similaires. Les divergences d'une circonscription à l'autre doivent cependant demeurer possibles pour des raisons pratiques, car il est impossible de réaliser une division qui produise des circonscriptions parfaitement identiques.

Cette division du territoire national en circonscriptions devrait être réalisée d'une manière durable : le nombre de circonscriptions et leurs frontières ne devraient pas être sujets à amendement avant chaque scrutin. Il s'agit en effet

---

[1] Conseil constitutionnel libanais, décision n° 4/96 du 7 août 1996.

[2] Il s'agit évidemment d'équivalence des *ordres de grandeur* et non pas des nombres exacts.

d'éviter que les partis au pouvoir n'aient recours au *gerrymandering* en vue de maximiser le nombre de sièges qu'ils peuvent espérer obtenir. Le maintien des mêmes circonscriptions d'une élection à l'autre offrirait ensuite une meilleure « lisibilité » des élections : si les circonscriptions changent en permanence, il devient impossible de comparer les résultats d'une élection avec ceux des scrutins qui la précèdent ou qui la suivent.

Il est toutefois nécessaire de préciser que la délimitation des circonscriptions électorales devrait être quelque peu adaptée sur le très long terme afin d'accompagner les mouvements de population et les changements démographiques. À titre d'exemple, si la population d'une circonscription donnée diminue de manière constante pendant plusieurs décennies, ou si elle n'augmente pas dans la même proportion que celle des autres circonscriptions, il est évident que le nombre de sièges attribués à cette circonscription doit diminuer ; or il est nécessaire qu'aucune circonscription ne tombe en-deçà du seuil minimum précédemment évoqué – soit sept ou huit sièges – afin de faire en sorte que l'élection soit, au sein de chaque circonscription, soumise à des conditions similaires, notamment en termes de quorum naturel (ou seuil électoral). Une circonscription électorale qui se viderait de sa population devrait alors être géographiquement agrandie pour englober une population plus ou moins équivalente à celle des autres circonscriptions.

De tels calculs ne peuvent toutefois être possibles si l'État ignore le nombre de résidents permanents sur son territoire et ne connait pas le domicile des citoyens libanais. Pour parvenir à observer de tels critères, l'État libanais devra donc impérativement instaurer un registre dynamique de la population – par opposition au registre « statique » actuel qui n'inclut que le lieu d'origine.

Enfin, la délimitation des circonscriptions devrait se faire de manière cohérente en vue d'éviter de séparer des régions géographiquement contiguës, ou d'en réunir d'autres qui ne devraient pas avoir de lien entre elles. On ne saurait par exemple créer une circonscription rassemblant deux régions qui sont séparées par la ligne de faîte du Mont-Liban[1]. En d'autres termes, la délimitation des circonscriptions ne devrait pas être géographiquement absurde. Le principe de la continuité territoriale des circonscriptions doit être en tout cas respecté : une circonscription telle que celle qui regroupe, sous la loi électorale adoptée en 2017, la ville de Saïda et le caza de Jezzine – alors que ces deux territoires ne sont pas géographiquement reliés – serait donc inacceptable.

Ces dernières précisions imposent de se pencher sur le rapport entre les communautés confessionnelles et les circonscriptions électorales.

Le rôle du critère confessionnel

Dans sa décision n° 4/96, le Conseil constitutionnel libanais a admis des exceptions au principe démographique au regard de la situation socio-politique spécifique au Liban :

> « [L]a règle démographique dans le découpage des circonscriptions électorales n'est pas une règle absolue, vu qu'il revient au législateur de prendre en considération les nécessités de l'intérêt public qui conduisent à atténuer l'effet de cette règle de principe, de même qu'il a le droit, de façon restrictive, de déroger à l'application du principe de l'égalité, en con-

[1] En vertu de ce principe, une réunion au sein d'une seule circonscription électorale des cazas de Baabda et de Zahlé, ou de ceux du Chouf et de la Békaa occidentale, doit être totalement exclue, même si ces districts partagent une frontière commune.

sidération de circonstances et situations spéciales et exceptionnelles[1]. »

Ces exceptions ont ménagé une marge de manœuvre qu'a pu employer le législateur afin de préserver les intérêts des partis-communautés, en prévoyant des circonscriptions où prédominent une ou plusieurs communautés confessionnelles. Ceci a permis à chaque parti-communauté de renforcer son emprise sur sa communauté. Dans le même temps, ce compromis a limité les confrontations électorales aux seules circonscriptions réellement mixtes, réduisant les débats électoraux à leur plus simple expression[2]. Les circonscriptions prévues par la loi électorale libanaise de 2017 confinent ainsi à une véritable répartition des zones d'influence[3] :

- Dans le gouvernorat du nord, les quatre cazas chrétiens (Batroun, le Koura, Bcharré et Zghorta) ont été regroupés au sein d'une seule circonscription électorale, de même que les deux cazas sunnites (Tripoli et Minieh-Denniyeh) ; le Akkar, majoritairement sunnite mais comportant une forte minorité chrétienne, a été laissé à part ;
- Au Mont-Liban, les cazas du Chouf et de Aley, les seuls à compter une proportion substantielle d'électeurs druzes, ont été réunis en une seule circonscription. Les cazas du Kesrouan et de Jbeil, à majorité maronite, forment une deuxième circonscription, tandis que le Metn, majoritairement chrétien mais non maronite, a été séparé du caza de Baabda. Ce dernier ne pouvait en effet être rattaché au Metn (au nord) en raison de sa population chiite, ni

---

[1] Conseil constitutionnel libanais, décision n° 4/96 du 7 août 1996.

[2] *Cf.* chapitre III.

[3] DAGHER.

ne pouvait être adjoint au Chouf et à Aley (au sud) en raison de la dilution de l'électorat druze que cela impliquerait ;

- Dans le gouvernorat du sud, la ville de Saïda, principalement sunnite, a été séparée de son caza pour être unie à Jezzine, majoritairement chrétienne, tandis que le reste du caza de Saïda – soit la région de Zahrani – et le caza de Tyr forment une circonscription à majorité chiite ;
- Enfin, la délimitation des deux circonscriptions de Beyrouth suit le tracé de l'ancienne ligne de démarcation de la guerre civile, au gré de la composition confessionnelle majoritaire acquise par les différents quartiers à partir de 1975.

En dépit de cette division volontairement partisane et confessionnelle du territoire libanais, il est nécessaire de constater que la plupart de ces circonscriptions suivent un critère « d'homogénéité sociale, géographique et historique[1] ». C'est ainsi que pour Rizk Zgheib, professeur de droit public libanais, les régions qui ont été rassemblées forment « des unités géographiques qui constituent des faits naturels et se distinguent par des liens de solidarité sociale[2] ». À titre d'exemple, les liens tissés entre les régions du Chouf et de Aley, de Baalbeck et du Hermel ou du Kesrouan et de Jbeil sont antérieurs à la fondation du Liban moderne, de même que le caza de Denniyeh constitue le débouché naturel de la ville de Tripoli, ou que Bcharré et Zghorta entretiennent d'anciennes relations de rivalité politique qui incluent malgré tout un certain aspect d'intégration sociale.

Un tel aspect doit être pris en compte lors de la délimitation des circonscriptions électorales, car si l'on ignorait les

[1] ZGHEIB, notre traduction.

[2] *Ibidem.*

particularités régionales, les nouvelles règles électorales risqueraient de se heurter à un rejet populaire. En particulier, il est nécessaire de donner au confessionnalisme sa juste place en trouvant un compromis entre l'adoption de circonscriptions pleinement mixtes et la ségrégation pure et simple des communautés confessionnelles les unes des autres.

Le but poursuivi par la loi électorale, dans la droite lignée de l'adoption du bicamérisme, doit en effet être de créer une scène politique véritablement nationale – par opposition aux zones d'influence exclusives des chefs féodaux – et de permettre le remplacement des partis-communautés par de véritables partis politiques. La délimitation de circonscriptions électorales comportant un minimum de pluralisme religieux pourrait faciliter la conduite de campagnes électorales au-delà des clivages communautaires, renforcer le caractère transcommunautaire des élections et permettre l'émergence d'une vie politique déconfessionnalisée.

Partant, il est selon nous impératif de ne pas reproduire des découpages électoraux similaires à celui qui a ranimé l'ancienne ligne de démarcation de la guerre civile en séparant les quartiers est des quartiers ouest de Beyrouth. D'aucuns pourraient craindre que des circonscriptions englobant volontairement des électeurs de communautés différentes viendraient diluer l'influence et le pouvoir d'un groupe au bénéfice d'un autre. Il suffit toutefois, pour se convaincre de la nécessité de ne pas reconnaître un droit des communautés confessionnelles à exercer une quelconque influence sur l'élection de la Chambre des députés, de se souvenir que cette dernière représenterait le peuple et que les communautés confessionnelles seraient représentées par les sénateurs.

L'introduction de circonscriptions mixtes ne doit pas non plus faire perdre de vue le fait qu'une délimitation de circonscriptions électorales sans égard pour la répartition confessionnelle des électeurs risquerait de provoquer un retour des politiques confessionnelles : de telles circonscriptions pourraient en effet provoquer un sentiment d'abandon et un repli sur soi des adeptes d'une communauté qui se retrouverait en position de minorité dans une région. Le discours politique faisant sien la défense de ces minorités pourrait par la suite prendre le dessus sur celui se voulant le représentant de l'ensemble de la société libanaise, ce qui prétériterait les partis politiques « nationaux » et consacrerait le retour des partis-communautés.

Le respect de ce dernier critère est sans doute la tâche la plus ardue de toutes celles qui s'imposeront à l'autorité chargée de la délimitation des circonscriptions.

****

Les critères qui devront présider à la délimitation des circonscriptions électorales seraient donc les suivants :

- Délimitation de circonscriptions comportant un nombre de sièges situé entre sept ou huit et une quinzaine ;
- Délimitation de circonscriptions comportant un nombre sensiblement égal de sièges – l'écart en nombre de sièges entre les plus petites et les plus grandes circonscriptions ne saurait par exemple aller du simple au double ;
- Délimitation de circonscriptions ne présentant aucune discontinuité territoriale ;
- Délimitation de circonscriptions cohérentes sur les plans géographique, historique et social ;
- Délimitation de circonscriptions présentant un caractère mixte sur le plan confessionnel sans que cela n'exacerbe les sentiments d'appartenance communautaire.

Nous sommes conscients que l'observance de l'ensemble de ces critères confine à la quadrature du cercle. En particulier, le respect de chacun des critères susmentionnés risquerait de mettre en danger la concrétisation d'un autre.

Deuxième étape : répartition des sièges entre les circonscriptions électorales

Une fois le territoire libanais divisé en circonscriptions électorales comptant un nombre plus ou moins équivalent de résidents, il faudrait procéder à la répartition des sièges des députés selon le seul critère de la représentativité des élus, soit selon le ratio résidents/députés. Chaque membre de la Chambre des députés devrait donc représenter un nombre à peu près égal de résidents[1].

Étant donné que les circonscriptions auront préalablement été divisées de manière à compter un nombre plus ou moins équivalent de résidents, elles seront automatiquement dotées d'un nombre sensiblement égal de sièges.

Le nombre de sièges attribués à chaque circonscription doit évidemment pouvoir évoluer en fonction des changements démographiques qui surviennent entre une élection et une autre – il serait également possible d'adapter la répartition des sièges à termes légèrement plus longs, soit, par exemple, tous les dix ans.

Proposition de délimitation des circonscriptions électorales

Sur la base des principes énoncés précédemment et en nous appuyant sur les statistiques du nombre de *résidents libanais* en 2019 fournies par un rapport du ministère de la

[1] *Cf.* MUHANNA.

Santé[1], nous proposons une délimitation électorale basée sur douze circonscriptions électorales. Celles-ci comptent entre 307 000 et 531 000 habitants chacune et nous leur avons attribué un nombre de sièges situé entre neuf et quatorze. Elles ont été dessinées de manière à regrouper – tant que faire se peut – des électeurs de confessions différentes : sept des douze circonscriptions peuvent se targuer d'être des circonscriptions pleinement « mixtes ».

Cette proposition de délimitation favorise donc les critères de mixité confessionnelle et de similitude démographique. À quelques reprises, ces choix ont été effectués au détriment de la cohérence des liens historiques et sociaux et, surtout, en ignorant de potentielles sensibilités confessionnelles. En particulier, le caza de Minieh-Denniyeh a été adjoint à ceux de Bcharré, de Zghorta et du Koura au sein d'une seule et même circonscription, alors même qu'il est historiquement relié à la ville de Tripoli et qu'il n'existe pas de liens – ni même de routes – entre les régions montagneuses de Bcharré (maronite) et de Denniyeh (sunnite). La ville de Beyrouth ne forme qu'une seule et unique circonscription, nonobstant le fait que ses quartiers occidentaux et orientaux ont connu une évolution très dissemblable depuis le début de la guerre civile et que leur intégration politique et sociale est quasiment nulle. De même, le caza de Jezzine forme, avec ceux de Saïda et de Tyr, la première circonscrip-

[1] Ministère libanais de la Santé publique, *Statistics 2019,* p. 12. Nous avons délibérément choisi de ne pas nous appuyer sur des statistiques qui incluent les réfugiés syriens, non pas par volonté de ne pas les prendre en compte dans la population que devront représenter les députés de chaque circonscription, mais en raison du fait que leur présence est fort inégalement répartie sur les différents cazas – ce qui mène, par exemple, à un doublement des populations des districts du Akkar, de Zahlé, ou de la Békaa occidentale, faussant donc les statistiques.

tion de Jabal Amel, ce qui risque, dans la situation actuelle, de donner lieu à des récriminations de la part des trente mille habitants chrétiens de Jezzine, dont les voix seraient potentiellement diluées dans une circonscription à majorité musulmane, tant sunnite (Saïda) que chiite (Zahrani et Tyr).

Il s'agirait en tout état de cause d'une élection au scrutin proportionnel – ce qui permettrait l'expression de l'ensemble des tendances politiques – d'une Chambre des députés non-confessionnelle, où de telles considérations ne devraient pas être de première importance. Cette proposition de délimitation des circonscriptions ne serait néanmoins applicable qu'une fois la déconfessionnalisation des partis politiques achevée[1].

Enfin, les frontières des cinq gouvernorats traditionnels[2] ont été respectées dans le choix des circonscriptions ; seul le caza de Batroun a été séparé de son gouvernorat – le Liban-Nord – et forme une circonscription avec les cazas de Jbeil et du Kesrouan.

Les calculs réalisés sont entièrement présentés dans le tableau ci-après et peuvent être aisément mis à jour en fonction de l'évolution du nombre d'habitants de chaque circonscription électorale.

Nous avons d'abord calculé la part de chaque circonscription dans la population totale du Liban (étape 1) avant d'appliquer ce pourcentage au nombre de sièges que compte la Chambre des députés, soit cent vingt-huit. Nous obtenons donc le nombre théorique de sièges qui reviendraient à chaque circonscription (étape 2). Nous avons ensuite attribué à chacune des douze circonscriptions un nombre de sièges égal au nombre entier correspondant (étape 3), en

[1] *Cf.* chapitre III.

[2] Beyrouth, le Mont-Liban, le Liban-Nord, la Békaa et le Liban-Sud.

réservant le reste (soit la partie décimale) pour une seconde répartition. Cent vingt sièges étant déjà attribués, il en restait huit.

Au moment d'effectuer la seconde répartition (étape 4), nous avons d'emblée éliminé les circonscriptions dont le reste était inférieur à 0,5 (cases en pointillé) pour ne garder que les autres, au nombre de dix (cases hachurées). Au lieu d'attribuer les huit sièges restants aux huit circonscriptions ayant obtenu le plus grand reste, nous avons préféré éliminer de cette seconde attribution les circonscriptions qui, lors de la première répartition, ont été dotées du plus grand nombre de sièges. De cette manière, nous avons procédé à un rééquilibrage du nombre total de sièges afin d'éviter une trop grande différence dans la répartition :

- Nous avons donc éliminé la première circonscription de Jabal Amel, qui était déjà dotée de quatorze sièges (case grise) ;
- Restait à éliminer une circonscription à choisir parmi la deuxième et la troisième circonscriptions du Mont-Liban, qui avaient déjà obtenu treize sièges chacune. Nous avons alors employé comme critère subsidiaire celui du plus grand reste : la troisième circonscription du Mont-Liban (0,8256) ayant obtenu un plus grand reste que la deuxième circonscription du Mont-Liban (0,6861), nous avons éliminé cette dernière (case grise) ;
- Les huit sièges restants ont ainsi été attribués aux huit circonscriptions dont le reste était supérieur à 0,5 et dont le nombre de sièges déjà reçus était le plus faible, à savoir la circonscription de Beyrouth, la première et la troisième circonscription du Mont-Liban, les trois circonscriptions du Liban-Nord et les deux circonscriptions de la Békaa.

Circonscription (districts)	**Population** (2019)	**Part de la population totale** (étape 1)	**Nombre théorique de sièges** (étape 2)	**Nombre de sièges attribués** (étape 3)	**Reste** (étape 4)	**Nombre final de sièges** (étape 4)	**Quorum naturel** (seuil électoral)
Beyrouth	421 624	9,27%	11,8699	11	0,8699	**12**	7,7%
Mont-Liban I (Kesrouan, Jbeil, Batroun)	309 940	6,82%	8,7257	8	0,7257	**9**	10,0%
Mont-Liban II (Metn)	486 137	10,69%	13,6861	13	0,6861	**13**	7,1%
Mont-Liban III (Baabda)	491 093	10,80%	13,8256	13	0,8256	**14**	6,7%
Mont-Liban IV (Chouf, Aley)	327 844	7,21%	9,2297	9	0,2297	**9**	10,0%
Liban-Nord I (Akkar)	338 827	7,45%	9,5389	9	0,5389	**10**	9,1%
Liban-Nord II (Tripoli)	307 567	6,76%	8,6589	8	0,6589	**9**	10,0%
Liban-Nord III (Minieh-Dennieh, Zghorta, Bcharré, Koura)	310 524	6,83%	8,7421	8	0,7421	**9**	10,0%

Circonscription (districts)	**Population** (2019)	**Part de la population totale** (étape 1)	**Nombre théorique de sièges** (étape 2)	**Nombre de sièges attribués** (étape 3)	**Reste** (étape 4)	**Nombre final de sièges** (étape 4)	**Quorum naturel** (seuil électoral)
Békaa I (Zahlé, Békaa occidentale, Rachaya)	312 452	6,87%	8,7964	8	0,7964	**9**	10,0%
Békaa II (Baalbeck, Hermel)	349 846	7,69%	9,8491	9	0,8491	**10**	9,1%
Jabal Amel I (Tyr, Saïda y inclus Zahrani, Jezzine)	531 408	11,69%	14,9606	14	0,9606	**14**	6,7%
Jabal Amel II (Nabatieh, Bent Jbeil, Marjeyoun, Hasbaya)	359 356	7,90%	10,1169	10	0,1169	**10**	9,1%
Total (Liban)	4 546 618	100,00%	128	120		**128**	

Tableau n° 8 – Proposition de répartition des sièges des députés entre les circonscriptions électorales.

Légende

1 **Liban-Nord I** (Akkar)
2 **Liban-Nord II** (Tripoli)
3 **Liban-Nord III** (Minieh-Denniyeh, Zghorta, Bcharré, Koura)
4 **Mont-Liban I** (Kesrouan, Jbeil, Batroun)
5 **Mont-Liban II** (Metn)
6 **Mont-Liban III** (Baabda)
7 **Mont-Liban IV** (Chouf, Aley)
8 **Beyrouth**
9 **Jabal Amel I** (Tyr, Saïda, Jezzine)
10 **Jabal Amel II** (Nabatiyeh, Bent-Jbeil, Marjeyoun, Hasbaya)
11 **Békaa I** (Zahlé, Békaa occidentale, Rachaya)
12 **Békaa II** (Baalbeck, Hermel)

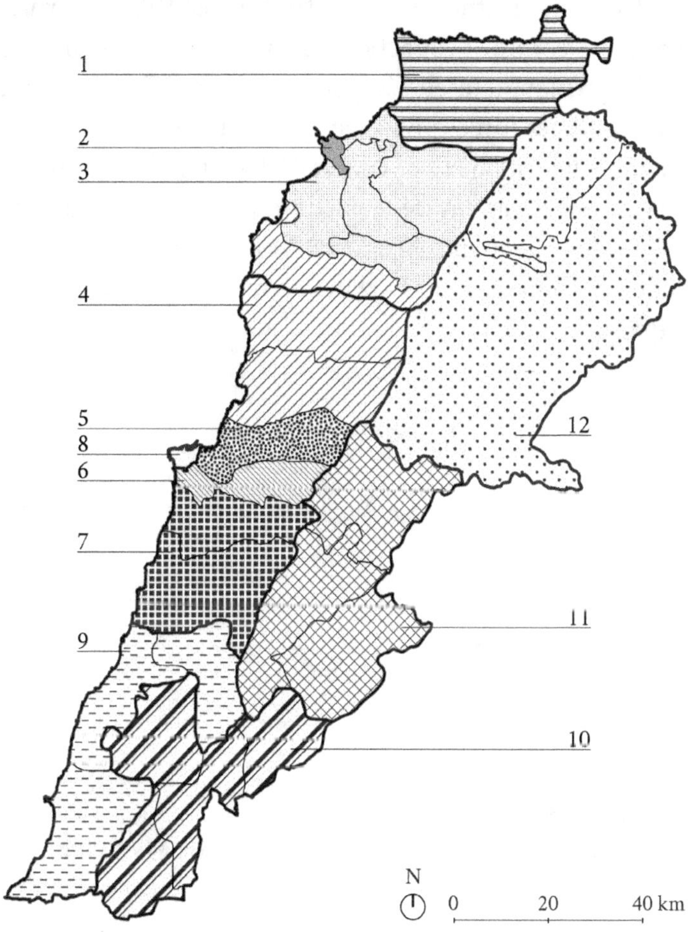

Carte – Proposition de délimitation des circonscriptions électorales pour l'élection de la Chambre des députés.

Ce résultat nous semble être satisfaisant : il crée des circonscriptions qui sont à la fois religieusement mixtes, équilibrées en population et donc en sièges – avec les défauts que nous avons identifiés précédemment. Le quorum naturel[1] (seuil électoral) se situe partout entre 6,7% et 10% ; il permet un véritable scrutin proportionnel tout en constituant une barrière suffisamment élevée pour empêcher l'élection d'un parlement où les forces politiques seraient trop dispersées et où aucune majorité ne se dessinerait[2]. Un quorum naturel de 10% nous semble atteindre le maximum de ce qui est acceptable dans le cadre d'une élection se voulant proportionnelle, ce qui nous conforte dans le choix de fixer la taille minimale des circonscriptions à sept ou huit sièges.

---

[1] Qui n'est pas, rappelons-le, un quorum légal, inscrit dans la loi ou calculé en fonction du nombre total de suffrages exprimés : il s'agit de la barrière « naturelle » du pourcentage des voix à obtenir pour glaner un siège.

[2] Un tel scénario est évidemment le revers de la volonté de tout faire pour représenter la moindre tendance politique qui se dessine dans le pays. Nous avons, et à plusieurs reprises, insisté sur la nécessité d'une justesse de la représentation au sein de la Chambre des députés – notamment à travers l'usage de la proportionnelle – ; il est donc nécessaire que le quorum naturel vienne y apporter une certaine limite.

Conclusion

La tâche de réformer les institutions de la République libanaise ne saurait être confiée aux partis politiques traditionnels : ayant bâti leur force sur la faiblesse de l'État, dont ils ont phagocyté les institutions, ces partis seraient bien incapables d'en restaurer la primauté.

Toute réforme constitutionnelle ne peut être sectorielle : le moindre changement institutionnel altèrerait l'équilibre et les rapports entre les organes de la République libanaise et obligerait les constituants à revoir la mécanique étatique dans son intégralité – on ne pourrait ainsi pas se limiter à une réforme du seul pouvoir législatif.

À cet égard, il ne suffit pas de créer une nouvelle chambre parlementaire et de l'ajouter à la structure politique actuelle. Bien plus que cela, seul « un changement institutionnel d'une ampleur considérable[1] » est susceptible d'influencer les institutions et procédures de gouvernance de la République libanaise. L'introduction du bicamérisme implique de mener une réflexion au sujet de « l'expression des majorités politiques à la chambre basse, la réforme des *checks and balances* qui équilibrent les pouvoirs exécutifs et législatifs[2] », *et cætera*. La réforme du Parlement libanais implique par conséquent de mener un « débat sur la refondation de l'État libanais dans son entier[3] ».

****

[1] Muhanna, notre traduction.

[2] *Ibidem.*

[3] *Ibidem.*

La République libanaise pourrait tirer profit des avantages qu'offre le bicamérisme afin de séparer la représentation du citoyen de celle des communautés. Cette représentation différenciée permettrait d'empêcher les sentiments confessionnels de prendre le dessus sur les considérations politiques et libérerait la Chambre des députés du poids du confessionnalisme, ce qui raffermirait la démocratie parlementaire.

Une juste répartition des sièges des sénateurs entre les communautés accorderait un poids plus élevé aux communautés minoritaires et respecterait les principes constitutionnels en vigueur, notamment celui de la parité islamo-chrétienne. L'entièreté du Parlement – c'est-à-dire les deux chambres – incarnerait ainsi le pouvoir législatif *lato sensu*, mais la Chambre des députés devrait détenir l'essentiel des compétences en ce qui concerne la législation courante. Les compétences de chacune des chambres parlementaires pourraient en effet être conçues de sorte à accorder au Sénat un rôle de contrôle et de suggestion pour ce qui a trait à la législation courante et des pouvoirs plus étendus en ce qui concerne les sujets qui revêtent une importance particulière.

Les effets d'une telle répartition des compétences entre la chambre haute et la chambre basse se refléteraient sur le contenu du travail parlementaire. Dans le domaine de la législation ordinaire, la Chambre des députés porterait naturellement attention à légiférer de manière équitable étant donné que ses membres sauront que leurs actes seront scrutés et révisés par le Sénat. Ce dernier intègrerait les intérêts des communautés confessionnelles dans le travail législatif sans toutefois empiéter sur la représentation citoyenne, étant donné que la décision finale appartiendrait à la Chambre des députés.

Les sénateurs détiendraient de plus des compétences élargies leur permettant de surveiller les actes du pouvoir exécutif. Finalement, du fait des prérogatives qui reviendraient au Sénat au sujet des questions « d'intérêt majeur[1] », une modification des éléments fondamentaux du système politique et juridique libanais ne pourra être adoptée qu'à la condition qu'elle emporte un vaste consensus au sein de la société prise dans son ensemble[2]. La politique libanaise conserverait de la sorte ses caractéristiques consensuelles tout en renouant avec la règle majoritaire de la compétition démocratique.

Cette compétition démocratique ne saurait être assurée qu'à travers une modernisation concomitante du régime électoral libanais. Dans tout système politique parlementaire, les élections législatives sont en effet le principal lien entre les citoyens et l'État. Les élections législatives donnent à la vie politique son rythme et structurent l'action des partis au sein du pouvoir en imposant à la majorité gouvernementale de présenter son bilan aux électeurs et en octroyant à la minorité l'espoir d'accéder au pouvoir. Une loi électorale qui assurerait une juste compétition des partis et permettrait une représentation équitable des citoyens et des communautés serait donc la clef de voûte d'un fonctionnement sain du pouvoir législatif libanais.

****

Dans *L'esprit des lois,* Montesquieu exposa les divers régimes politiques du XVIIIe siècle et les lois qui leur correspondent, mais s'abstint de se prononcer en faveur d'une

---

[1] Selon le libellé de l'article 22 de la Constitution libanaise actuelle.

[2] *Cf.* PATTERSON/MUGHAN, p. 346.

forme particulière de gouvernement ; en revanche, il opéra une distinction entre les régimes où les gouvernants étaient sous l'autorité de la loi et ceux où ils pouvaient imposer leur volonté propre[1]. John Stuart Mill, quant à lui, ne conditionnait pas le contrôle de la majorité et la prévention des dérives à l'existence d'une seconde chambre, mais à la réalisation de l'équilibre des pouvoirs par l'ordre constitutionnel[2].

Une réforme institutionnelle ne viendrait donc pas à bout des maux dont souffre le Liban tant qu'il n'est pas mis fin aux pratiques politiques qui ont actuellement cours. Ériger un parlement bicaméral au Liban en l'absence d'une vision d'ensemble de l'évolution des institutions politiques de la République libanaise ne ferait que transférer les difficultés actuelles à une nouvelle institution[3]. Une simple modernisation du pouvoir législatif ne saurait à elle seule faire cesser le clientélisme partisan, ni faire émerger une véritable vie politique, car plus encore que des institutions fonctionnelles, ce sont l'existence d'un État de droit viable et l'acceptation de la participation politique dans le respect de l'esprit des institutions qui manqueraient au Liban. Ainsi, seule une pratique constante des principes qui animent un véritable système parlementaire et un État de droit vigoureux permettraient de fortifier le pouvoir législatif.

Toute révision constitutionnelle doit donc être précédée d'une rigoureuse application de la Constitution en vigueur ainsi que d'une évolution des pratiques politiques et d'une modernisation des partis : ce n'est qu'une fois que l'on aura amendé les mœurs au sein des institutions actuelles que l'on pourra réformer ces dernières, faute de quoi nous affaibli-

---

[1] DE MONTESQUIEU, Livre II, Chapitre I, p. 9 ; DE DIJN, pp. 68-69.

[2] MILL, Chapitre XIII, p. 311 ; RIESCHER/RUß/HAAS, p. 9.

[3] MUHANNA.

rions d'emblée l'autorité de nos nouvelles institutions. Car la forme que revêt un régime politique, bien qu'essentielle, ne dicte pas les pratiques politiques, de même qu'« une nouvelle constitution ne suscite pas spontanément un homme nouveau[1] ».

[1] FATTAL, p. 4.

Projet de constitution

TOUT AU LONG DE CET ESSAI, nous avons cherché à rendre les propositions que nous avancions aussi précises et concrètes que possible. Afin de faire une démonstration fidèle des réformes que nous suggérons, nous consacrons les pages suivantes à la rédaction de normes constitutionnelles sous la forme d'un « projet de loi ». Les rédacteurs d'une nouvelle Constitution libanaise pourront, le jour venu, s'inspirer de ce projet et faire usage de ces normes constitutionnelles s'ils le jugent utile.

Il va de soi que ce projet ne porte que sur l'architecture des institutions législatives. Comme cela a été exposé, la réforme du Parlement libanais implique en réalité une refonte pleine et entière des institutions politiques de la République libanaise et une reconstruction de cette dernière. Ce projet de constitution devra donc être complété par d'autres normes portant sur les pouvoirs exécutif et judiciaire et sur les droits fondamentaux garantis à la population libanaise. Nous inclurons néanmoins dans ce projet les normes centrales de la formation du pouvoir exécutif, notamment celles portant sur la nomination du Premier ministre et l'élection du président de la République.

Certaines réformes suggérées dans cet ouvrage portent sur d'autres textes légaux au sein de l'ordre juridique libanais, et plus particulièrement sur la loi électorale et le règlement intérieur du Parlement. En dépit de cela, nous nous contenterons de rédiger les normes *constitutionnelles* suggérées, étant donné que ces dernières font l'objet de l'essentiel des propositions avancées.

Nous avons prêté garde à rédiger des dispositions aussi équilibrées et fonctionnelles que possible, avec autant de soin du détail que cela nous semblait nécessaire. Une constitution peut en effet être détaillée ou laconique, mais « on ne saurait prêcher la brièveté dans un pays où la pratique constitutionnelle se distingue par son inconsistance[1] » et les institutions, par leur faiblesse.

La structure et la numérotation que nous donnons aux titres, chapitres et articles de ce projet de loi devront être adaptés en fonction des autres dispositions qui seront intégrées à la nouvelle Constitution libanaise. Enfin, les normes qui sont reprises de l'actuelle Constitution libanaise figurent en italique.

---

[1] FATTAL, p. 84.

Constitution libanaise
– Projet partiel –

Titre A : Dispositions fondamentales

[…].

Titre B : Des Libanais, de leurs devoirs et de leurs droits

[…].

Article premier – Liberté d'association et partis politiques

1 *La liberté d'association est garantie dans les limites fixées par la loi*[1].

2 La formation des partis politiques est libre[2].

3 Les partis politiques doivent être dotés d'une organisation démocratique, en organisant notamment des élections internes transparentes à intervalles réguliers.

4 Les partis politiques doivent publier à échéances régulières un programme politique reflétant leurs aspirations et propositions. Ils doivent rendre compte publiquement de leurs ressources et des liens d'intérêt de leurs dirigeants et élus.

5 Les modalités d'exécution de ces obligations sont définies par une loi sur les partis politiques.

---

[1] Cette disposition est inspirée de l'article 13 de la Constitution libanaise actuelle.

[2] Cette disposition est inspirée de l'article 21 de la Loi fondamentale (Constitution) allemande.

Article II – Droits politiques et liberté de vote

[1] Les citoyens ont le droit de participer aux affaires publiques, directement ou par l'intermédiaire de représentants élus périodiquement au suffrage universel[1].

[2] La liberté de vote est garantie. Elle protège la libre formation de l'opinion des citoyens et l'expression fidèle et sûre de leur volonté[2], tant au niveau national qu'au niveau municipal.

[3] Les pouvoirs publics organisent les élections de manière neutre et impartiale, en s'abstenant d'intervenir en faveur ou en défaveur d'un candidat ou d'un parti politique. Ils protègent l'indépendance des citoyens envers les partis politiques.

[...].

Titre C : Des pouvoirs

Chapitre 1 : Dispositions générales

Article III – Pouvoirs politiques[3]

[1] *Le pouvoir législatif est exercé par le Parlement.*

[2] *Le pouvoir exécutif est confié au Conseil des ministres*[4]*, qui l'exerce conformément aux dispositions de la présente Constitution.*

---

[1] Cette disposition est inspirée de l'article 23, paragraphe premier, de la Constitution espagnole.

[2] Cette disposition est inspirée de l'article 34, paragraphe 2, de la Constitution suisse.

[3] Cette disposition est inspirée des articles 16 et 17 de la Constitution libanaise actuelle.

[4] « Conseil des ministres » (*majlis al-wuzarā'*) est la dénomination officielle du Gouvernement libanais, terme que nous emploierons dans ce projet de constitution chaque fois qu'il sera question de l'organe exécutif en lui-même. Nous parlerons toutefois de « Gouvernement » (*ḫukūmah*)

Article IV – Cumul des mandats

1 Les fonctions de membre de la Chambre des députés et de sénateur sont incompatibles.

2 Il y a incompatibilité entre les fonctions de ministre et tout mandat législatif[1]. Tout député ou sénateur à qui est attribué un portefeuille ministériel et qui accepte cette charge sera réputé démissionnaire. Dans pareil cas, le député est remplacé conformément à l'article VII, paragraphe 3, et le siège de sénateur laissé vacant sera repourvu conformément à l'article XI, paragraphe 4.

3 Le président du Conseil des ministres pourra appartenir à l'une ou l'autre des chambres parlementaires.

4 La fonction de président de la République n'est compatible avec aucun autre emploi public.

Chapitre 2 : Du pouvoir législatif

Article V – Disposition générale

1 Le Parlement est l'autorité suprême de la République libanaise[2].

2 Il se compose de deux assemblées : la Chambre des députés et le Sénat.

Premièrement : Composition et élection de la Chambre des députés et du Sénat

Article VI – Composition de la Chambre des députés

1 La Chambre des députés est composée de cent vingt-huit députés.

---

chaque fois qu'il s'agira de définir les relations qu'il entretient avec les autres institutions politiques.

[1] Cette disposition est inspirée de l'article 40 du projet de Michel Chiha pour une Constitution de l'État du Grand Liban (CHIHA).

[2] Cette disposition est inspirée de l'article 148, paragraphe premier, de la Constitution suisse.

[2] *Les députés représentent toute la nation* et en particulier la population de leur circonscription électorale. *Aucun mandat impératif ne peut leur être donné par leurs électeurs*[1] ou par leur parti politique.

Article VII – Élection de la Chambre des députés

[1] Les députés sont élus par le peuple au suffrage universel, direct et secret et au scrutin proportionnel avec possibilité de panachage[2]. La durée du mandat de la Chambre des députés est de quatre ans.

[2] *Les élections générales pour le renouvellement de la Chambre des députés ont lieu dans les soixante jours qui précèdent l'expiration de son mandat*[3].

[3] En cas de vacance d'un siège à la Chambre des députés, il sera pourvu à la vacance par l'accession à la députation du premier candidat non-élu de la liste électorale dont était issu le député décédé ou démissionnaire. *Le mandat du nouveau député ne durera que jusqu'à l'expiration du mandat de celui qu'il remplace*[4].

---

[1] Cette disposition est inspirée de l'article 27 de la Constitution libanaise actuelle.

[2] Il est certainement inusité qu'un article constitutionnel dispose que le mode de scrutin choisi doive admettre le panachage. Une telle précision figurait néanmoins dans le projet de constitution rédigé en 1976 par Antoine Fattal (FATTAL, art. 53, 1ère formule, par. 2). Au vu des développements que nous avons consacrés au sujet du panachage au chapitre VIII, nous avons choisi d'imiter sa proposition.

[3] Cette disposition est inspirée de l'article 42 de la Constitution libanaise actuelle.

[4] Cette disposition est inspirée de l'article 41 de la Constitution libanaise actuelle.

Article VIII – Circonscriptions électorales pour l'élection de la Chambre des députés

[1]Les élections de la Chambre des députés se tiennent dans des circonscriptions électorales définies par la loi électorale. Les circonscriptions électorales doivent être de taille relativement similaire en termes de population ; elles doivent être équilibrées quant à leur composition confessionnelle.

[2]Les sièges sont répartis entre les circonscriptions électorales au prorata de la population de ces dernières et selon un mécanisme empêchant un écart trop important du nombre de sièges d'une circonscription électorale à l'autre.

[3]Les électeurs expriment leur droit de vote dans leur circonscription électorale de résidence au moment de la tenue du scrutin.

[4]Les Libanais résidant à l'étranger exercent leur droit de vote au sein des représentations diplomatiques libanaises dans leur pays de résidence pour les sièges attribués à leur dernière circonscription électorale de domicile. À défaut, ils expriment leur droit de vote pour les sièges attribués à la circonscription électorale dans laquelle est situé leur lieu d'origine.

Article IX – Dissolution de la Chambre des députés

[1]Le président de la République prononce la dissolution de la Chambre des députés sur demande du président du Conseil des ministres. Cette prérogative ne peut être exercée par le président du Conseil des ministres si la Chambre des députés a été élue il y a moins d'un an, si une motion de censure est débattue par la Chambre des députés ou si l'état d'urgence est en vigueur[1].

---

[1] Cette disposition est inspirée des articles 115, paragraphes 2 et 3, et 116, paragraphe 5, de la Constitution espagnole.

[2] Le président de la République peut également prononcer la dissolution de la Chambre des députés en cas de vacance gouvernementale de plus de trois mois.
[3] Si la vacance gouvernementale se prolonge au-delà d'un délai de neuf mois, le président de la République prononce obligatoirement la dissolution de la Chambre des députés.
[4] En cas de dépôt d'un projet de révision de la Constitution portant sur plus de dix articles constitutionnels[1], le président de la République prononce obligatoirement la dissolution de la Chambre des députés dès la fin de la première délibération du Parlement.
[5] La Chambre des députés est réputée dissoute en cas de vacance présidentielle de plus de six mois[2]. Le président du Sénat constate la dissolution et convoque le corps électoral pour de nouvelles élections.
[6] *En cas de dissolution de la Chambre des députés, l'acte prononçant ou constatant la dissolution doit contenir convocation des électeurs pour des élections nouvelles qui auront lieu dans un délai n'excédant pas trois mois*[3].

Article X – Composition du Sénat

[1] Le Sénat est composé de quarante-et-un sénateurs.
[2] Les sénateurs représentent toute la nation et en particulier les communautés confessionnelles. *Aucun mandat impératif ne peut leur être donné par leurs électeurs* ou par leur parti politique.

---

[1] Ce seuil devra évidemment être adapté en fonction du nombre d'articles que comptera la Constitution.

[2] Cette disposition est inspirée de l'article 90, paragraphe premier, de la Constitution sud-africaine.

[3] Cette disposition est inspirée de l'article 25 de la Constitution libanaise actuelle.

[3] Les sièges des sénateurs sont répartis comme suit :

a. Communautés musulmanes : vingt sièges. Ces sièges sont répartis comme suit :
   - Communauté chiite : huit sièges ;
   - Communauté sunnite : huit sièges ;
   - Communauté druze : trois sièges ;
   - Communauté alaouite : un siège ;
b. Communautés chrétiennes : vingt sièges. Ces sièges sont répartis comme suit :
   - Communauté maronite : huit sièges ;
   - Communauté grecque-orthodoxe : quatre sièges ;
   - Communauté grecque melkite catholique : trois sièges ;
   - Communauté arménienne-orthodoxe : deux sièges ;
   - Communauté arménienne-catholique : un siège ;
   - Communauté protestante : un siège ;
   - Autres communautés chrétiennes : un siège ;
c. Communauté israélite : un siège.

Article XI – Élection du Sénat

[1] Les sénateurs sont élus par les communautés confessionnelles au suffrage universel, direct et secret et au scrutin majoritaire alternatif. La durée du mandat des sénateurs est de six ans.

[2] Le mandat des sénateurs est renouvelé par moitiés tous les trois ans, à raison d'une série de vingt-et-un sièges lors d'un renouvellement partiel et d'une série de vingt sièges lors du renouvellement partiel qui suit[1]. Chaque renouvellement partiel doit porter sur des sièges attribués à certaines com-

[1] Cette disposition est inspirée de l'article LO 276 du Code électoral français.

munautés confessionnelles chrétiennes et sur d'autres attribués à certaines communautés confessionnelles musulmanes.

3 *Les élections partielles pour le renouvellement* du Sénat *ont lieu dans les soixante jours qui précèdent l'expiration du mandat*[1] des sénateurs qui occupent les sièges concernés.

4 *En cas de vacance d'un siège* au Sénat, *il sera pourvu à la vacance dans un délai de deux mois par l'organisation d'une élection partielle. Le mandat du nouveau sénateur ne durera que jusqu'à l'expiration du mandat de celui qu'il remplace. Il ne sera pas pourvu à la vacance si elle survient à moins de six mois d'un renouvellement*[2] partiel au cours duquel ce siège doit être repourvu.

Article XII – Circonscriptions électorales pour l'élection des sénateurs

1 Pour l'élection du Sénat, chaque communauté confessionnelle forme une circonscription électorale. Les sénateurs sont élus par leurs coreligionnaires au sein de chacune de ces circonscriptions.

2 Les Libanais résidant à l'étranger exercent leur droit de vote au sein des représentations diplomatiques libanaises dans leur pays de résidence.

Article XIII – Présidence et secrétariat des chambres parlementaires

1 Le président de la Chambre des députés et celui du Sénat défendent le rôle de leur chambre respective, ainsi que celui

---

[1] Cette disposition est inspirée de l'article 42 de la Constitution libanaise actuelle.

[2] Cette disposition est inspirée de l'article 41 de la Constitution libanaise actuelle.

du Parlement, au sein de l'État libanais. Ils sont les garants du respect de la procédure parlementaire et agissent de manière neutre et équitable. Ils veillent à ce que les minorités politiques puissent exercer leurs droits.

2 *À chaque renouvellement de la Chambre des députés, celle-ci se réunit sous la présidence du doyen d'âge de ses membres, tandis que les deux membres les plus jeunes font fonction de secrétaires. Elle procède immédiatement à l'élection de son président et de son vice-président pour la durée du mandat de la Chambre*[1]. Tout député est éligible au poste de président de la Chambre des députés.

3 À chaque renouvellement partiel du Sénat, celui-ci se réunit sous la présidence du doyen d'âge de ses membres, tandis que les deux membres les plus jeunes font fonction de secrétaires. Il procède immédiatement à l'élection de son président et de son vice-président. Tout sénateur est éligible au poste de président du Sénat.

4 *La Chambre des députés* et le Sénat peuvent, *au cours de n'importe quelle session parlementaire, retirer leur confiance à leur président ou vice-président à la majorité des deux tiers de leurs membres sur requête déposée* par quinze députés ou cinq sénateurs. *Le poste vacant est pourvu immédiatement après le vote de défiance*[2].

5 À l'ouverture de la première session de chaque année, chacune des deux chambres *procède à l'élection de deux secrétaires.*

---

[1] Cette disposition est inspirée de l'article 44, paragraphe premier, de la Constitution libanaise actuelle.

[2] Cette disposition est inspirée de l'article 44, paragraphe 2, de la Constitution libanaise actuelle.

Deuxièmement : Procédure parlementaire

Article XIV – Règlement intérieur

1 *Chaque chambre fait son règlement intérieur*[1], par lequel elle détermine la procédure parlementaire.

2 En cas de réunion du Parlement, la procédure parlementaire applicable est celle de la Chambre des députés. Le Parlement est présidé par le président du Sénat.

3 Les séances parlementaires sont publiques. Chaque chambre parlementaire peut décréter le huis-clos lors des débats parlementaires et du vote portant sur un sujet déterminé, et ce à la majorité des deux tiers de ses membres[2].

Article XV – Blocs parlementaires

1 Les membres de chacune des deux chambres peuvent former des blocs parlementaires.

2 Un bloc parlementaire constitué uniquement au sein de la Chambre des députés ou du Sénat doit compter, respectivement, dix députés ou quatre sénateurs au moins. S'il est constitué au sein des deux chambres parlementaires, un bloc parlementaire doit compter dix membres au moins, pris indistinctement au sein des deux chambres.

3 Le règlement intérieur définit les droits dont jouissent les blocs parlementaires.

---

1 Cette disposition est inspirée de l'article 43 de la Constitution libanaise actuelle.

2 Cette disposition est inspirée de l'article 80 de la Constitution espagnole, de l'article 41, paragraphe premier, de la Loi fondamentale (Constitution) allemande, de l'article IV, paragraphe 3 lettre i, de la Constitution bosnienne, et de l'article 158 de la Constitution suisse.

Article XVI – Sessions parlementaires

[1] *Chacune des deux chambres se réunit chaque année en* quatre *sessions ordinaires*[1]. Ces sessions s'ouvrent le premier lundi des mois de mars, juin, septembre et décembre et s'achèvent à la fin du mois au cours duquel elles ont débuté.

[2] Trente députés ou douze sénateurs peuvent demander l'ouverture d'une session extraordinaire de la Chambre des députés ou du Sénat, respectivement. Trente-cinq élus pris au sein des deux chambres peuvent demander l'ouverture d'une session extraordinaire de chacune des deux chambres.

[3] Le président de la République et le Gouvernement peuvent convoquer chacune des deux chambres à une session extraordinaire.

Article XVII – Quorum et majorité requise[2]

[1] Chacune des deux chambres *ne peut se constituer que par la présence de la majorité des membres qui la composent légalement,* indépendamment de l'objet mis en délibération ou soumis au vote, ou de l'élection à laquelle il est procédé.

[2] En cas de réunion du Parlement, le quorum se calcule par rapport à l'ensemble des parlementaires et non pour chaque chambre individuellement.

[3] *Les votes sont acquis à la majorité absolue* des suffrages exprimés, sous réserve des exceptions prévues par la loi. *En cas de partage égal des voix, la question mise en délibération est rejetée.*

[4] Les votes sont émis électroniquement ou par bulletin se-

---

[1] Cette disposition est inspirée de l'article 32 de la Constitution libanaise actuelle.

[2] Cette disposition est inspirée des articles 34, 36 et 45 de la Constitution libanaise actuelle.

cret[1]. *Lorsque les chambres procèdent à une élection, les votes sont émis par bulletin secret. Sur la question de confiance et la motion de censure du Conseil des ministres, les votes sont émis par appel nominal et à voix haute.*

[5] *Les députés et sénateurs ne votent que s'ils sont présents à la séance ; le vote par procuration n'est pas admis.*

Article XVIII – Élections

[1] Lors des élections auxquelles procèdent la Chambre des députés, le Sénat ou le Parlement dans son entier, est élu le candidat qui rassemble sur son nom la majorité absolue des suffrages exprimés. Les dispositions sur l'élection du président de la République sont réservées.

[2] Ne sont pas réputés exprimés les suffrages blancs et les suffrages nuls.

[3] À compter du troisième tour de scrutin, seuls sont admis les suffrages en faveur des personnes qui ont obtenu des voix lors des tours précédents[2].

[4] À compter du quatrième tour de scrutin, est éliminée toute personne qui obtient le plus petit nombre de voix[3]. Si ces voix se répartissent de façon égale sur plusieurs candidats, aucun candidat n'est éliminé.

[…].

---

[1] Une telle disposition vise à faire obstacle au vote « à voix haute ou par assis et levé » (art. 36 de la Constitution libanaise), lequel provoque des scènes de chaos et de confusion lors des séances parlementaires.

[2] Cette disposition est inspirée de l'article 132, paragraphe 3, de la loi sur l'Assemblée fédérale suisse.

[3] Cette disposition est inspirée de l'article 7, paragraphe premier, de la section A de la septième annexe de la Constitution sud-africaine.

Troisièmement : Adoption des lois et compétences des chambres parlementaires

Article XIX – Initiative législative

[1] *L'initiative des lois appartient au Parlement et au Conseil des ministres*[1].

[2] Tout projet de loi[2] parlementaire doit émaner de douze députés, de cinq sénateurs ou d'un bloc parlementaire.

[3] L'exercice de la fonction législative ne peut être délégué au Conseil des ministres qu'en ce qui concerne l'adoption de décrets d'application des lois. Les dispositions sur la législation d'urgence sont réservées[3].

Article XX – Adoption des lois

[1] La Chambre des députés est exclusivement compétente pour adopter, réviser et abroger les lois.

[2] Les projets de loi déposés par les sénateurs sont transmis à la Chambre des députés qui peut refuser d'entrer en matière par un vote à la majorité absolue des suffrages exprimés.

[3] Sur proposition de dix de ses membres, le Sénat peut se saisir d'un projet de loi dans les dix jours à compter du début de son examen par les commissions de la Chambre des députés.

---

[1] Cette disposition est inspirée de l'article 18 de la Constitution libanaise actuelle.

[2] La République libanaise a implicitement repris la distinction que faisait la troisième République française entre les initiatives législatives déposées par le Gouvernement, nommées « projets de loi » (*mashrūʿ qānūn*), et celles d'origine parlementaire, nommées « propositions de loi » (*ʾiqtirāḥ qānūn* ; *cf.* art. 38 et 58 de la Constitution libanaise ; RABBATH, p. 156). Nous faisons ici le choix de ne pas maintenir cette distinction.

[3] Cette disposition est inspirée de l'article 58 du projet de constitution d'Antoine Fattal (FATTAL).

[4] Le Sénat peut proposer des amendements au projet de loi dont il s'est saisi. La Chambre des députés peut rejeter un amendement transmis par le Sénat par un vote à la majorité absolue des membres qui la composent légalement ; si cette majorité n'est pas atteinte, l'amendement est réputé adopté.
[5] Le Sénat peut recommander le rejet du projet de loi. La Chambre des députés peut décliner une telle recommandation par un vote à la majorité absolue des suffrages exprimés ; si cette majorité n'est pas atteinte, le projet de loi est réputé définitivement rejeté.
[6] La Chambre des députés se prononce lors d'une séance plénière sur les amendements et recommandations du Sénat. Elle approuve ensuite le projet de loi article par article, puis par un vote final sur l'ensemble.
[7] Le droit du Sénat de proposer des amendements au projet de loi ou d'en recommander le rejet expire au moment de l'adoption de la loi par la Chambre des députés en séance plénière.

Article XXI – Budget
[1] La Chambre des députés est exclusivement compétente pour adopter le budget de l'État.
[2] Le Sénat est exclusivement compétent pour voter l'allocation de crédits ne figurant pas au budget de l'État.

Article XXII – Autres compétences du Sénat
Le Sénat est exclusivement compétent pour réviser la loi sur la nationalité ainsi que les lois portant sur la délimitation des circonscriptions administratives.

Article XXIII – Compétences conjointes

Doivent être approuvées séparément par chacune des deux chambres :

a. La révision de la loi électorale ;
b. L'autorisation de ratifier les traités internationaux ;
c. La proclamation de l'état d'urgence et sa levée ;
d. La déclaration de guerre et la mobilisation générale ;
e. La conclusion d'accords de paix.

Article XXIV – Haute surveillance

[1] Le Parlement exerce la haute surveillance sur le Gouvernement et sur l'Administration publique.

[2] La Chambre des députés et le Sénat peuvent poser des questions au Gouvernement dans son ensemble, au président du Conseil des ministres ainsi qu'aux ministres.

[3] La Chambre des députés et le Sénat peuvent convoquer et entendre les membres du Gouvernement et les fonctionnaires de première catégorie.

[4] La Chambre des députés et le Sénat peuvent décider de la création de commissions d'enquête parlementaires.

[5] Le Sénat peut entendre les candidats aux postes de fonctionnaires de première catégorie avant leur nomination par le Gouvernement et formuler des recommandations à cet égard.

[6] Le Sénat est seul compétent pour lever l'immunité du président de la République, du président du Conseil des ministres et des ministres, sur requête des autorités judiciaires compétentes.

[...].

Article XXV – Saisine du Conseil constitutionnel
Quinze députés, six sénateurs ou un bloc parlementaire peuvent saisir le Conseil constitutionnel d'un recours en inconstitutionnalité d'une loi dans un délai de vingt-cinq jours à compter de sa publication au *Journal officiel.*

Chapitre 3 : Du pouvoir exécutif
Premièrement : Du président de la République

[...].

Article XXVI – Élection[1]
1 Le président de la République est élu par le Parlement réuni.
2 *Un mois au moins et deux mois au plus avant l'expiration des pouvoirs du Président de la République,* le Parlement *se réunit sur convocation* du président du Sénat *pour l'élection du chef de l'État. À défaut de convocation, cette réunion aura lieu de plein droit le dixième jour avant le terme de la magistrature présidentielle.*
3 Le Parlement *réuni pour élire le Président de la République constitue un collège électoral et non une assemblée délibérante. Il doit procéder uniquement, sans délai ni débat, à l'élection du chef de l'État.*
4 Aux trois premiers tours de scrutin, est élu le candidat qui rassemble sur son nom la majorité des deux tiers des suffrages exprimés. À compter du quatrième tour de scrutin, est élu le candidat qui rassemble sur son nom la majorité absolue des suffrages exprimés.
5 L'article XVIII est applicable pour le surplus.

---

[1] Cette disposition est inspirée des articles 73 et 75 de la Constitution libanaise actuelle.

Article XXVII - Vacance[1]

En cas de vacance de la présidence par décès, démission ou pour toute autre cause, le Parlement *se réunit immédiatement et de plein droit pour élire un nouveau président. Si la Chambre des députés se trouve dissoute au moment où se produit la vacance, les collèges électoraux sont convoqués sans retard, et aussitôt les élections faites,* le Parlement *se réunit de plein droit.*

[...].

Deuxièmement : Du Conseil des ministres

[...].

Article XXVIII - Formation du Conseil des ministres

Dans une intention de justice et de concorde, les communautés confessionnelles seront équitablement représentées dans la composition du Conseil des ministres, sans que cela ne puisse cependant nuire au bien de l'État[2], ni qu'il ne puisse en être inféré qu'un nombre de portefeuilles ministériels ou qu'un portefeuille ministériel déterminé doivent être attribués à une communauté confessionnelle.

Article XXIX - Vote de confiance

[1]Le Gouvernement doit avoir la confiance de la Chambre des députés.

---

[1] Cette disposition est inspirée de l'article 74 de la Constitution libanaise actuelle.

[2] Cette disposition est inspirée de l'ancien article 95 de la Constitution libanaise dans la teneur qu'il avait entre 1943 et 1990 et de l'article 175, paragraphe 4, de la Constitution suisse.

[2] *Dans le délai de* quinze jours *suivant la publication du décret de formation du Gouvernement, ce dernier présente sa déclaration ministérielle à la Chambre des députés en vue d'en obtenir la confiance*[1].

[3] Si la Chambre des députés n'accorde pas sa confiance au Gouvernement, le président du Conseil des ministres désigné pourra présenter sa démission au président de la République, ou proposer un nouveau Gouvernement à la Chambre des députés en vue de l'obtention de la confiance de cette dernière.

[4] Le président du Conseil des ministres désigné ayant échoué deux fois à obtenir la confiance de la Chambre des députés est réputé démissionnaire. Le président de la République désignera alors un nouveau président du Conseil des ministres.

Article XXX – Motion de censure[2]

[1] La Chambre des députés peut mettre en cause la responsabilité du Gouvernement si elle est saisie d'une proposition à cet effet déposée par douze de ses membres au moins. La motion de censure est adoptée à la majorité absolue des suffrages exprimés.

[2] La motion de censure doit contenir le nom d'un candidat à la présidence du Conseil des ministres. Dès son dépôt et jusqu'au vote de la Chambre des députés, des motions de censure alternatives pourront être déposées par douze députés.

---

[1] Cette disposition est inspirée de l'article 64, alinéa 2 paragraphe 2, de la Constitution libanaise actuelle.

[2] Cette disposition est inspirée des articles 113 et 114, paragraphe 2, de la Constitution espagnole, ainsi que de l'article 67, paragraphe premier, de la Loi fondamentale (Constitution) allemande.

[3] La motion de censure est soumise au vote à l'expiration d'un délai de trois jours ouvrables à partir de la date de son dépôt. Si elle échoue à rassembler une majorité, les motions de censure alternatives sont soumises au vote par ordre de dépôt.
[4] Si une motion de censure est adoptée par la Chambre des députés, le Conseil des ministres présente sa démission au président de la République. Le candidat à la présidence du Conseil des ministres désigné dans la motion de censure adoptée par la Chambre des députés est réputé avoir été désigné à ce poste.
[5] Si aucune motion de censure n'est adoptée par la Chambre des députés, un délai de six mois commence à courir, durant lequel aucune nouvelle motion de censure ne pourra être déposée.

Article XXXI – Rôle du Sénat
[1] Le Sénat peut transmettre à la Chambre des députés ses recommandations au sujet du vote de confiance au Gouvernement.
[2] Sur proposition de cinq de ses membres, le Sénat peut transmettre à la Chambre des députés une recommandation de censure du Gouvernement. Celle-ci doit contenir le nom d'un candidat à la présidence du Conseil des ministres. La Chambre des députés procède conformément à l'article XXX, paragraphes 2 à 5.

[...].

Titre D : De la révision de la Constitution

Article XXXII – Compétence et initiative
[1] La révision de la Constitution est de la compétence du Parlement.

[2]Trente députés, douze sénateurs ou trente-cinq parlementaires pris indistinctement parmi les deux chambres peuvent proposer une révision de la Constitution. Cette proposition doit porter sur des dispositions constitutionnelles déterminées et être présentée sous la forme d'un projet de révision constitutionnelle rédigé.

Article XXXIII – Procédure

[1]Le projet de révision de la Constitution doit faire l'objet d'une délibération du Parlement réuni.

[2] Il est soumis au vote dans chaque chambre séparément au cours de la session parlementaire qui suit celle où il a fait l'objet d'une délibération. Il doit être adopté par chacune des deux chambres à la majorité des trois cinquièmes des suffrages exprimés, ou par la Chambre des députés à la majorité des deux tiers des suffrages exprimés et par le Sénat à la majorité absolue des suffrages exprimés[1].

[3]Si le projet de révision de la Constitution porte sur dix articles constitutionnels ou plus[2], il ne pourra être adopté qu'à la suite de deux délibérations du Parlement, séparées d'une dissolution de la Chambre des députés par le président de la République et de la tenue d'élections législatives[3].

[…].

****

[1] Cette disposition est inspirée de l'article 167, paragraphe premier, de la Constitution espagnole.

[2] Ce seuil devra évidemment être adapté en fonction du nombre d'articles que comptera la Constitution.

[3] Cette disposition est inspirée de l'article 168, paragraphe premier, de la Constitution espagnole.

Bibliographie

Les citations tirées d'articles, ouvrages ou autres sources non disponibles en langue française ont été traduites par l'auteur ; leur référence dans le texte porte la mention « notre traduction ».

Ouvrages, chapitres d'ouvrages et articles

ADAL Gabriel, « De la flexibilité dans la composition du Conseil fédéral », *Le Temps*, 1er décembre 2022.

AMATO Giuliano, « Italy: The Rise and Decline of a System of Government », *Indiana International and Comparative Law Review*, 1994/2 n° 4, pp. 225-231.

APPRIOUAL Antoine, « Lebanon's Political Stalemate: The Failure of the Sectarian Regime », *Project on the Middle East and the Arab Spring*, 2016 n° 11.

Assemblée nationale constituante [France], *Récit de ce qui s'est passé à l'Assemblée Nationale le 17 juin 1789*, 1789.

ATALLAH Sami/ZOUGHAIB Sami, « A snapshot of parliementary elections results », The Lebanese Center for Policy Studies, avril 2019.

ATALLAH Sami/ZOUGHAIB Sami, « Lebanon's Parliamentary Elections of 2018: Seats, Coalitions and Candidate Profiles », *The Lebanese Center for Policy Studies*, Janvier 2019.

BAGEHOT Walter, *The English Constitution*, 2nd ed., Press of John Wilson and Son, Cambridge, 1873.

BANOVIĆ Damir/GAVRIĆ Saša/BARREIRO MARIÑO Mariña, *The Political System of Bosnia and Herzegovina*, Cham (Suisse), 2021.

BENETTI Julie, « La saisine parlementaire (au titre de l'article 61 de la Constitution) », *Nouveaux cahiers du Conseil constitutionnel*, n° 38, janvier 2013.

BENNET Robert, *The Senate of the United States*, in : PATTERSON Samuel/MUGHAN Anthony (eds.), *Senates, Bicameralism in the Contemporary World*, Ohio State University Press, Columbus, 1999.

BONJOUR Edgar, *Die Gründung des schweizerischen Bundesstaates*, Benno Schwabe & Co. Verlag, Bâle, 1948.

BROQUET Christophe/LANCELOT Alain, *Les systèmes électoraux : tableaux de l'offre et critères de choix*, Commission européenne pour la démocratie par le droit (Commission de Venise), étude n° 250/2003, Strasbourg, août 2003.

BUCHEZ Philippe Joseph Benjamin, *Histoire parlementaire de la Révolution française : Histoire de l'assemblée constituante, tome premier*, 2ème ed., Heztel, Paris 1846.

BULMER Elliot, « Bicameralism: International IDEA Constitution-Building Primer 2 », *International Institute for Democracy and Electoral Assistance*, 2ème éd., Strömsborg, 2017.

CARCASSONNE Guy, « La place de l'opposition : le syndrome français », *Pouvoirs, revue française d'études constitutionnelles et politiques*, n° 85, 1998.

CORDES Sandra/KLEINER-LIEBAU Désirée, *Der spanische Senat: Wandel territorialer Repräsentation zwischen dezentralem Einheistaat und Föderalstaat*, in : RIESCHER Gisela/ RUß Sabine/HAAS Christoph (eds.), *Zweite Kammern*, Oldenbourg Verlag, Munich, 2001.

DAGHER Ramez, « The Adwan electoral law: from bad to worse? », *Moulahazat, a Lebanese political blog*, juin 2017.

DALLA Sam « La constitutionnalisation du confessionnalisme. De l'exemple libanais », *Revue française de droit constitutionnel*, 2015/3 n° 103.

DAMIEN Karim, *Reversing the "deeply divided societies" paradigm: The case of Lebanon*, mémoire de maîtrise, Archives ouvertes de l'Université de Genève, septembre 2021.

DE DIJN Annelien, « Montesquieu's Controversial Context: *The Spirit of Laws* as a Monarchist Tract », *History of Political Thought*, 2013/1 n° XXXIV, pp. 66-88.

Discours préliminaire au projet de constitution pour la République française prononcé par Boissy d'Anglas au nom de la commission des onze dans la séance du 5 messidor an III (23 juin 1795), Frères Murray, Paris, 1795

DUGUIT Léon, *La théorie générale de l'État* (tome II), in : DUGUIT Léon, *Traité de droit constitutionnel*, 3ème éd., E. de Boccard, Paris, 1928.

DURAND Frank, « L'avenir incertain du Sénat irlandais », *Revue française de droit constitutionnel*, 2012/2 n° 90, Presses Universitaires de France, pp. 269-290.

EL-LAHHAM Wissam, « *Lubnān : ṯabīʿat al-dawlah al-madaniyyah wa ṯāʾifiyyat al-aḫwāl al-shakhṣiyah* » [« Liban : la nature de l'État civil et du confessionnalisme des lois sur le statut personnel »], *Journal of Constitutional Law in the Middle East and North Africa*, 2021 n° 2, pp. 34-68.

EL-LAHHAM Wissam, *Al-mubassaṯ fī al-dustūr al-lubnānī* [« Précis de droit constitutionnel libanais »], Sharikat al-maṯbuʿāt lil-tawzīʿ wal-nashr, Beyrouth, 2010.

EL-LAHHAM Wissam, *Pacte national et décision souveraine, Liban de 1920 à nos jours*, Geuthner, Paris, 2025.

ESMEIN Adhémar, *Éléments de droit constitutionnel français et comparé*, 6ème ed., Larose et Tenin, Paris, 1914.

FARHAT Nadim, « La société plurale est-elle "conflictogène" ? Itinéraire d'un concept structurant de la science politique », *Critique internationale*, 2016/2 n° 71, pp. 129 à 147.

FINER Herman, *The Theory and Practice of Modern Government*, vol. I, Methuen & Co., London, 1931.

FIORENTINO Karen, « Histoire intellectuelle d'un débat éternel », *Pouvoirs*, 2016/1 n° 159, Le Seuil, pp. 15-26.

FLORES JUBERÍAS Carlos, *A House in Search of a Role: the Senado of Spain*, in : PATTERSON Samuel/MUGHAN Anthony (eds.), *Senates, Bicameralism in the Contemporary World*, Ohio State University Press, Columbus, 1999.

GAUCHET Marcel, « L'héritage jacobin et le problème de la représentation », *Le Débat*, 2001/4 n° 116, pp. 32-45.

GRISEL Étienne, *Art. 175*, in : MARTENET Vincent/DUBEY Jacques (éds.), *Constitution fédérale, Commentaire Romand*, 2e éd., Helbing Lichtenhahn, Bâle, 2021.

HAMMERSLEY Rachel, « The Commonwealth of Oceana de James Harrington : un modèle pour la France révolutionnaire ? », *Annales historiques de la Révolution française*, 2005/4 n° 342, pp. 3-20.

HARRINGTON James, *The Commonwealth of Oceana*, Global Grey E-Books, 2018.

HORNIG Eike-Christian, *Der Senat in Italien – Eine zweite Kammer mit föderaler Zukunft?*, in : RIESCHER Gisela/RUß Sabine/HAAS Christoph (éds.), *Zweite Kammern*, Oldenbourg Verlag, Munich, 2001.

International Foundation for Electoral Systems, *Election Guide*.

JEANBART Christian, « Le confessionnalisme entre la forme et le fond », *L'Orient-Le Jour*, 23 mai 2020.

KARAM Mathieu, « Pourquoi, en 1991, des députés libanais étaient nommés plutôt qu'élus », *L'Orient-Le Jour*, 23 mai 2019.

KARPEN Ulrich, *Plurality in Unity: A Legitimation for Second Chambers*, in : KARPEN Ulrich (éds.), *Role and Function of the Second Chamber: Processing of the third Congress of the European Association of Legislation*, Nomos, Baden-Baden, 1999.

KOCH Cordelia, « La constitution libanaise de 1926 à Taëf, entre démocratie de concurrence et démocratie consensuelle », *Les Architectures constitutionnelles des régimes politiques arabes, Égypte/Monde Arabe*, 2005/2 n° 2, pp. 159-190.

LAUVAUX Philippe, « Quand la deuxième chambre s'oppose », *Pouvoirs*, 2004/1 n° 108, Le Seuil, pp. 81-99.

LIJPHART Arend, *Patterns of Democracy: Government Form and Performance in thirty-six countries*, 2nd ed., Yale University Press, New Haven, 2012.

LODICI Claudio, *Parliamentary Autonomy: the Italian Senato*, in : PATTERSON Samuel/MUGHAN Anthony (éds.), *Senates, Bicameralism in the Contemporary World*, Ohio State University Press, Columbus, 1999.

LUCARELLI Alberto, « Le Sénat italien : suppression ou transformation ? », *Pouvoirs*, 2016/4 n° 159, Le Seuil, pp. 109-121.

MADISON James, *The Federalist Number LXII*, in : HAMILTON Alexander/MADISON James/JAY John, *The Federalist. A Commentary on the Constitution of the United States*, J. B. Lippincott & Co., Philadelphia, 1864.

MAGED Rima, « What is so Deep About "Deeply-Divided Societies"? », *Centre for Lebanese Studies*, 2019.

MAHON Pascal, *Droit constitutionnel*, 3ème éd., Helbing-Lichtenhahn, Bâle, 2014.

MAÏLA Joseph, « The Document of National Understanding: A Commentary », *Centre for Lebanese Studies*, 1992.

MAJED Ziad, « Consensus Democracy and Representation in Lebanon », *Accord*, 2012 n° 24, pp. 42-45.

MALLAT Chibli, Comparative Law and the Islamic (Middle Eastern) Legal Culture, in : Reimann Mathias/Zimmermann Reinhard, *The Oxford Handbook of Comparative Law*, 2nd ed., Oxford University Press, Oxford, 2019.

MARIOTT (Sir) John Arthur Ransome, *Second Chambers: An Inductive Study in Political Science*, The Clarendon Press, Oxford, 1910.

MESSARRA Antoine, « Le Liban : un cas fondateur de la théorie consensuelle de gouvernement », *Revista de Humanidades : Tecnológico de Monterrey*, 2002 n° 13, pp. 121-156.

MESSARRA Antoine, « Les gouvernements "exécutoires" au Liban », *L'Orient-Le Jour*, 28 août 2021.

MILL John Stuart, *Le gouvernement représentatif* (1861), Guillaumin et Cie, Paris, 1877.

Ministère libanais de l'Intérieur et des Municipalités, Direction générale du statut personnel, « *Kharītat al-'iḥsā'āt* » [« Carte statistique »], chiffres valables pour l'année 2022.

Ministère libanais de la Santé publique, *Statistics 2019*.

MONTESQUIEU (DE) Charles Louis de Secondat, *De l'esprit des lois*, Firmin Didot Frères, Paris, 1844.

MORABITO Marcel, *Histoire constitutionnelle de la France, de 1789 à nos jours*, 12ème éd., Montchrestien-Lextenso, Paris, 2012.

MOUANNÈS Hiam, *Le Liban, pays d'un confessionnalisme singulièrement déterministe*, in : MOUANNÈS Hiam (éds.), *La territorialité de la laïcité*, Presses de l'Université de Toulouse 1 Capitole, Toulouse, 2019.

MUHANNA Élias, « Establishing a Lebanese Senate: Bicameralism and the Third Republic », *Center for Democracy, Development and the Rule of Law (CDDRL) Working papers*, n° 125, août 2012.

MÜLLER Jan-Werner, *Freiheit, Gleichheit, Ungewissheit: Wie schafft man Demokratie*, Suhrkamp, Berlin, 2021.

NOLTING Armin, *Südafrika: Der Nationalrat der Provinzen*, in : RIESCHER Gisela/RUß Sabine/HAAS Christoph, *Zweite Kammern*, Oldenbourg Verlag, Munich, 2001.

PATTERSON Samuel/MUGHAN Anthony, *Senates, Bicameralism in the Contemporary World*, Ohio State University Press, Columbus, 1999.

PEYREFITTE Alain, *C'était de Gaulle*, De Fallois/Fayard, Paris 1994.

POLYBE, *Histoires*, Livre VI, Les Belles Lettres, Paris, 1977.

RABBATH Edmond, *La Constitution libanaise : origines, textes et commentaires*, Publications de l'Université libanaise, Beyrouth, 1982.

RAYNER Hervé, « Un surplace mouvementé : le référendum constitutionnel du 4 décembre 2016 en Italie », *Pôle Sud*, 2017/1 n° 46, ARPoS, pp. 155-165.

REINKOWSKI Maurus, « Ottoman Multiculturalism? The Example of the Confessionnal System in Lebanon », conférence du professeur Maurus Reinkowski, *Orient-Institut der Deutschen Morgenlandischen Gesellschaft*, 17 février 1997, publiée dans : *Zokak el-Blat(t)*, n° 19, Beyrouth, 1999.

RIESCHER Gisela/RUß Sabine/HAAS Christoph, *Sein oder nicht sein, Bikameralismus und die Funktion zweiter Kammern*, in : *Zweite Kammern*, Oldenbourg Verlag, Munich, 2001.

RIKER William, « The Justification of Bicameralism », *International Political Science Review*, 1992/1 n° 13, pp. 101-116.

RONDOT Pierre, « Les structures socio-politiques de la nation libanaise », *Revue française de science politique*, 1954/1 n° 4, pp. 80-104.

ROUSSEAU Jean-Jacques, *Considérations sur le gouvernement de Pologne et sur sa réformation projetée*, Londres, 1782.

SALAM Nawaf, *Le Liban d'hier à demain*, Sindbad/Actes Sud/L'Orient des livres, Beyrouth, 2021.

SALLOUKH Bassel, « Taif and the Lebanese State: The Political Economy of a Very Sectarian Public Sector », *Nationalism and Ethnic Politics*, 2019/1 n° 25 pp. 43-60.

SAUNIER Claire, « Les métamorphoses du droit de dissolution au Royaume-Uni : l'abrogation du Fixed-Term Parliaments Act de 2011 », *Observatoire du Brexit, Hypothèses*, 5 juillet 2022.

SCHÄFFER Heinz, *The Austrian Bundesrat*, in : KARPEN Ulrich (eds.), *Role and Function of the Second Chamber: Processing of the third Congress of the European Association of Legislation*, Nomos, Baden-Baden, 1999.

SCHEDLER Andreas, *The Politics of Uncertainty: Sustaining and Subverting Electoral Authoritarianism*, Oxford University Press, Oxford, 2013.

SCHÜTTEMEYER Suzanne/STURM Roland, « Wozu Zweite Kammern? Zur Repräsentation und Funktionalitat Zweiter Kammern in westlichen Demokratien », *Zeitschrift für Parlamentsfragen*, 1992/3, Nomos, pp. 517-536.

SCHWARZ-LIEBERMANN VON WAHLENDORF Hans Albrecht, *Second Chambers: A Few Introductory Remarks*, in : KARPEN Ulrich (éds.), *Role and Function of the Second Chamber: Processing of the third Congress of the European Association of Legislation*, Nomos, Baden-Baden, 1999.

SCULLY Roger, *Dealing with Big Brother: the Relations with the First Chamber*, in : BALDWIN Nicholas/SHELL Donald (eds.), *Second Chambers*, Frank Cass, London, 2001.

Sénat français, « Formes et fonctions du bicamérisme dans le monde », Site internet du Sénat français.

Service des affaires européennes [du Sénat français], Division des études de législation comparée, « La participation des chambres hautes à l'élaboration de la loi », *Série législation comparée*, n° LC 95, octobre 2001.

SHELL Donald, *The History of Bicameralism*, in: BALDWIN Nicholas/SHELL Donald (eds.), *Second Chambers*, Frank Cass, London, 2001.

STÖCKLI Andreas, *Bundesrat und Bundesverwaltung*, in : DIGGELMANN Oliver/HERTIG RANDALL Maya/SCHINDLER Benjamin/THÜRER Daniel/AUBERT Jean-François/MÜLLER Jörg Paul/CUENI Daniel/ZIMMERMANN Nesa (éds.), *Verfassungsrecht der Schweiz*, 3. Ausgabe, Schulthess, Zurich, 2020.

Union Interparlementaire, « National Parliaments », site internet de l'Union Interparlementaire.

VAN BIEZEN Ingrid, « Constitutionalizing Party Democracy: The Constitutive Codification of Political Parties in Post-war Europe », *British Journal of Political Science*, n° 42, 2012, pp. 187-212.

WIECIECH Tomasz, « Formulas of Representation of Constituent Units in the Parliaments of Federal States », *Politeja*, 2008/1 n° 10, pp. 389-414.

ZGHEIB Rizk, « *Qirā'ah fi aḫkām qānūn 'intikhāb 'a'ḏā' majlis al-nuwwāb raqm 44/2017* » [« Analyse des dispositions de la loi sur l'élection des membres de la Chambre des députés n° 44/2017 »], *Proche-Orient Études Juridiques*, 2021 n° 74, pp. 165-175.

Textes de loi et constitutions en vigueur

République libanaise

Al-niẕām al-dākhilī lil-majlis al-niyābi al-ṣādir bi tārikh 18 tishrīn al-'awwal 1994 [Règlement intérieur du Parlement libanais du 18 octobre 1994] (règlement intérieur du Parlement libanais).

Constitution libanaise du 23 mai 1926 (Constitution libanaise).

Qānūn 'intikhāb 'a'ḍā' majlis al-nuwwāb raqm 44 tārīkh 17/06/2017 [Loi n° 44/2017 du 17 juin 2017 sur l'élection des membres de la Chambre des députés] (loi électorale libanaise de 2017).

Qānūn al-majlis al-dustūri raqm 250 tārīkh 14/07/1993 [Loi n° 250/1993 du 14 juillet 1993 sur le Conseil constitutionnel] (loi sur le Conseil constitutionnel libanais).

Canada

Loi constitutionnelle canadienne du 29 mars 1867 (Loi constitutionnelle canadienne de 1867).

Confédération suisse

Constitution fédérale de la Confédération suisse du 18 avril 1999 (Constitution suisse).

Loi fédérale du 13 décembre 2002 sur l'Assemblée fédérale (loi sur l'Assemblée fédérale suisse).

Loi fédérale du 26 septembre 2014 sur les personnes et les institutions suisses à l'étranger (loi sur les personnes et les institutions suisses à l'étranger).

États-Unis d'Amérique

Constitution des États-Unis d'Amérique du 17 septembre 1787 (Constitution étasunienne).

République d'Afrique du Sud

Constitution de la *République* d'Afrique du Sud du 18 décembre 1996 (Constitution sud-africaine).

République de Bosnie-Herzégovine

Constitution de Bosnie-Herzégovine du 21 novembre 1995 (Constitution bosnienne).

Règles de procédure de la Chambre des peuples du 6 juin 2014 (règles de procédure de la Chambre des peuples de Bosnie-Herzégovine).

Règles de procédure de la Chambre des représentants du 14 mai 2014 (règles de procédure de la Chambre des représentants de Bosnie-Herzégovine).

République fédérale d'Allemagne

Loi du 24 juillet 1967 sur les partis politiques (loi allemande sur les partis politiques).

Loi du 25 avril 1959 sur l'élection du président fédéral par l'Assemblée fédérale (loi sur l'élection du président de la République fédérale d'Allemagne).

Loi fondamentale pour la République fédérale d'Allemagne du 23 mai 1949 (Loi fondamentale allemande).

République française

Code électoral du 28 octobre 1865 (Code électoral français).

Constitution française du 4 octobre 1958 (Constitution française).

République italienne

Constitution de la République italienne du 27 décembre 1947 (Constitution italienne).

Règlement du Sénat du 17 février 1971 (règlement du Sénat italien).

Règlement de la Chambre des députés du 18 février 1971 (règlement de la Chambre des députés italienne).

Royaume d'Espagne

Constitution espagnole du 31 octobre 1978 (Constitution espagnole).

Royaume des Pays-Bas

Constitution du Royaume des Pays-Bas du 24 août 1815 (Constitution néerlandaise).

Textes de loi abrogés

Constitution de la République française du 5 fructidor an III (22 août 1795) (Constitution française de 1795).

Qānūn 'intikhāb 'a'ḍā' majlis al-nuwwāb raqm 171 tārīkh 06/01/2000 [Loi n° 171/2000 du 6 janvier 2000 sur l'élection des membres de la Chambre des députés] (loi électorale libanaise n° 171/2000 du 6 janvier 2000).

Projets de constitutions (non adoptés)

CHIHA Michel, Projet de constitution de l'État du Grand Liban, vers 1926.

FATTAL Antoine, *Projet de constitution fédérale de la République libanaise, Document de travail*, 1976.

Projet de loi constitutionnelle (Italie), *Testo di legge costituzionale*, Gazette officielle de la République italienne, année n° 157, n° 88, 15 avril 2016, pp. 1-17 (projet de loi constitutionnelle italienne de 2016).

Jurisprudence

Conseil constitutionnel français, décision n° 99-412 DC du 15 juin 1999.

Conseil constitutionnel français, décision n° 87-227 DC du 7 juillet 1987.

Conseil constitutionnel libanais, Recours visant à l'annulation de dispositions de la loi n° 530/1996 du 11 juillet 1996 – Modification des dispositions de la loi du 26 avril 1960 sur l'élection des membres de la Chambre des députés, décision n° 4/1996 du 7 août 1996.

Conseil constitutionnel libanais, Recours visant à la suspension de la mise en application et l'annulation de la loi n° 208 du 26 mai 2000 – L'organisation du conseil des dignitaires de la communauté des unitaires druzes (*Machyakhat Akl*), décision n° 2/2000 du 8 juin 2000.

Cour constitutionnelle d'Afrique du Sud, Certification of the Amended text of the Constitution of the Republic of South Africa, CCT/37/96, 4 décembre 1996.

Autre source juridique

Accord de Taëf, Document d'entente nationale du 22 octobre 1989 (accord de Taëf).

Table des figures

Table des matières

Structures éditoriales du groupe L'Harmattan

L'Harmattan Italie
Via degli Artisti, 15
10124 Torino
harmattan.italia@gmail.com

L'Harmattan Hongrie
Kossuth l. u. 14-16.
1053 Budapest
harmattan@harmattan.hu

L'Harmattan Sénégal
10 VDN SICAP AMITIE 3
BP 45034 Dakar-Fann
direction@senharmattan.com

L'Harmattan Cameroun
Tsinga/Derrière polyclinique FECAFOOT
BP 11486 Yaoundé
Jacques.koukam@harmattan.fr

L'Harmattan Burkina Faso
Villa 281, secteur 23 623, rue 14.32
Ouagadougou
zagbie@outlook.fr

L'Harmattan Guinée
Almamya, rue KA 028 OKB Agency
BP 3470 Conakry
harmattanguinee@yahoo.fr

L'Harmattan RDC
185, avenue Nyangwe
Commune de Lingwala – Kinshasa
matangilamusadila@yahoo.fr

L'Harmattan Congo
219, avenue Nelson Mandela
BP 2874 Brazzaville
deunovmikhael@gmail.com

L'Harmattan Mali
Immeuble Mgr Jean Marie Cissé
Aci Hamadallaye
BP 145 Bamako
syllaka@yahoo.fr

L'Harmattan Togo
Djidjole – Maison Amela
face EPP BATOME
02 BP 20680 Lomé
didieramela11@gmail.com

L'Harmattan Côte d'Ivoire
Résidence Karl Cité des Arts
Abidjan-Cocody
03 BP 1588 Abidjan
harmattan.ivoire@gmail.com

L'Harmattan Bénin
Rue 604, (Immeuble à l'entrée
de la rue UCAO- Cite de Saint-Jean)
Cotonou
stepcorpus@gmail.com

Nos librairies en France

Librairie internationale
16, rue des Écoles
75005 Paris
librairie.internationale@harmattan.fr
01 40 46 79 11
www.librairieharmattan.com

Librairie des savoirs
21, rue des Écoles
75005 Paris
librairie.sh@harmattan.fr
01 46 34 13 71
www.librairieharmattansh.com

www.ingramcontent.com/pod-product-compliance
Lightning Source LLC
LaVergne TN
LVHW011301061026
849535LV00005B/1350
* 9 7 8 2 3 3 6 5 1 3 7 6 8 *